RÉSIDUS

DE

CROYANCES

PAR

ALEXANDRE BECKERS

NICE

IMPRIMERIE NOUVELLE, BERNA-BARRAL

12, Rue Alberti, 12

—

1891

RÉSIDUS

DE

CROYANCES

PAR

ALEXANDRE BECKERS

NICE
IMPRIMERIE NOUVELLE, BERNA-BARRAL
12, Rue Alberti, 12
—
1891

AVANT PROPOS

Le titre de cet opuscule manque de noblesse ; mais il me paraît exprimer aussi nettement que possible ce que je voulais dire, et je le préfèrerai, pour cette raison, à tout autre plus ou moins équivalent.

Ces pages ont été rédigées principalement pour moi-même, afin de rassembler et de mettre en ordre des notes éparses, écrites souvent à de longs intervalles.

Ce sont des réflexions solitaires sans aucune prétention à l'érudition et au savoir ; et peut-être trouvent-elles en cette absence presque complète d'études spéciales préparatoires, un caractère plus marqué d'indépendance et de personnalité.

Elles n'ont d'autre but que de constater le résultat dernier des pensées et des croyances d'une vie déjà assez longue, et d'en conserver la trace pour quelques personnes.

Les opinions exposées ici ont évidemment subi pour une part considérable l'influence du temps où nous vivons ; mais elle constituent cependant en définitive une réaction bien nette contre les doctrines prépondérantes de notre époque.

Je ne ressens du reste aucun embarras, ni aucun regret à voir pour le moment ces opinions en minorité, car je n'éprouve absolument aucun besoin de prosélytisme ; et il me plaît d'ailleurs de penser que ces idées auraient pu avoir jadis et pourront encore avoir un jour la majorité pour elles, lorsque la roue aura tourné ; mais je n'y verrais cependant nul avantage.

Ces notes sont pour moi comme les souvenirs et les croquis que le touriste a tracés dans son carnet de voyage.

Elles peuvent n'avoir que peu de valeur pour le public et pour l'indifférent ; mais elles conservent tout leur prix, pour celui qui les a écrites et pour quelques intimes.

Soutisk, 1890.

RÉSIDUS DE CROYANCES

CHAPITRE PREMIER

Nécessité et Vanité simultanées de la Métaphysique.

Depuis que l'homme pense, depuis du moins que ses pensées se sont élevées au-dessus des préoccupations de ses besoins matériels, l'homme fait de la Philosophie et de la Métaphysique. Il a voulu dès son premier âge connaître et comprendre le monde qu'il habite, et malgré son impuissance trop avérée à atteindre ce but, il poursuit et poursuivra sans doute, sans jamais se lasser, cet effort et ce labeur.

Il obéit, en effet, en cela à un instinct invincible de son être, qui l'excite à l'investigation de ce qui l'entoure, à la curiosité de l'inconnu. Il y a là, pour l'être pensant, un besoin impérieux, analogue à celui qui pousse toute molécule animée vers la nutrition et la vie, et à celui qui force tout organe à remplir sa fonction. Mais quelque impérieux que soit cet instinct, il n'en est pas moins absolument illusoire, impuissant, absurde, sans but et sans résultat possibles, car cette compréhension et cette connaissance intimes des choses auxquelles nous aspirons, sont absolument inaccessibles à la nature et aux facultés de notre esprit.

Il est, en effet, bien démontré que ce que nous voulons bien nommer notre connaissance, ne s'étend pas au delà des phénomènes perceptibles aux sens, tandis que la cause de ces phénomènes et la substance nous sont à jamais interdites.

Seules les choses observées et les phénomènes perçus sont l'objet d'une compréhension confuse et précaire ; mais en dehors de ces notions transmises par les sens, il n'y a dans notre esprit que la nuit noire et le néant. Nous sommes donc radicalement incapables de rien deviner et même de rien concevoir de l'essence même et de la nature intime des choses. Car elles échappent à toute observation directe, et elles ne sauraient par conséquent s'inventer. Tous les efforts de l'imagination n'ont jamais pu rien créer en dehors des choses déjà vues. Ils n'ont jamais pu donner à l'aveugle aucune compréhension et aucune prescience des aspects de la lumière, ni au sourd aucune idée et aucun pressentiment des sons et de la musique. Ils ne sauraient nous faire connaître ni la quatrième dimension de l'espace, ni la huitième couleur du spectre solaire, qui s'étend au-delà du violet, ni même une forme inédite de vie ou d'animalité. Combien donc ne serait-il pas illusoire d'attendre, de cette imagination, le pressentiment et la compréhension de la nature des choses, et à plus forte raison la divination du principe inaccessible et inconnaissable dont ces choses émanent, et que ne peut atteindre aucune observation !

Les efforts toujours stériles et les doctrines toujours contradictoires de toutes les écoles métaphysiques présentes et passées, ne confirment que trop cette impuissance radicale d'intelligence et de divination. Mais cependant il n'en est pas moins certain que cet instinct d'investigation, quoique sans but et sans résultat possibles, s'impose malgré tout, et s'imposera toujours à l'esprit humain, et que ce besoin forcera toujours l'homme à l'étude du monde qui l'environne. Aussi la Métaphysique quoique condamnée et bannie avec raison du domaine scientifique comme une science illusoire, n'en restera pas moins toujours le suprême but des hautes études et des hautes pensées.

CHAPITRE II

Instincts simultanés de Divination et de Critique.

Dans leurs premières investigations philosophiques, les peuples se sont abandonnés sans défiance aux inspirations de leur génie et aux révélations de leurs prophètes. Bientôt cependant, à cette période d'innocence et de foi naïve, a succédé la période plus moderne où un instinct nouveau de doute, d'examen et de critique, s'est ajouté à l'instinct primitif de l'inspiration pure, pour le contrôler, le mettre en suspicion, le contester et le combattre. Cette faculté relativement récente d'analyse et de critique est considérée par quelques-uns comme un progrès ; mais si elle augmente en effet la largeur de l'esprit, de ses conceptions et de ses jugements, elle diminue en même temps son essor et sa vigueur.

Cette soif d'examen sans limite, ce besoin d'arracher ses fruits à l'arbre de la connaissance du bien et du mal, cette manie de vouloir contrôler et disséquer toute conviction et toute foi, sont devenus au temps actuel la loi irrésistible de l'esprit humain ; mais en ajoutant à sa puissance, elles font certainement aussi sa misère, car elles mêlent, à toute croyance, un besoin de vérification toujours inassouvi et une inquiétude qui ne sera jamais apaisée. Et il faut constater ici que cet instinct malfaisant n'est pas moins fatal aux sentiments du cœur, qu'aux convictions de l'esprit, et qu'il n'est pas une croyance qui résiste à son action dissolvante, quand elle est suffisament prolongée.

Au fond de tout sentiment peut en effet se trouver un intérêt, comme au fond de toute conviction se trouve une incertitude. Il suffit d'ailleurs qu'une croyance soit hardiment niée et brutalement conspuée, pour perdre sa fleur de prestige et de persuasion sur notre esprit.

Cette faculté du sens critique n'est donc qu'un inexorable instrument de scepticisme, de doute et de dissolution finale.

Elle détruit fatalement et pulvérise l'un après l'autre, sans aucune exception possible, tous les systèmes et tous les sentiments soumis à son action ; et elle réduit l'esprit, déniaisé peut-être, mais en même temps découragé, à l'impuissance d'élever avec confiance, sur les ruines des systèmes anéantis, aucun système, ni aucune croyance nouvelle. C'est par l'action alternative de ces deux instincts contradictoires d'inspiration et de critique, qui forment dans l'entendement comme une sorte de cercle vicieux, que se succèdent et se remplacent, depuis les premiers âges, tous les systèmes métaphysiques, et qu'ils se succèderont de même sans résultat, mais sans relâche, jusqu'à la fin des siècles. C'est cette action contradictoire et délétère, poursuivie depuis les premiers Philosophes rationalistes de la Grèce jusqu'aux Réformateurs de la Renaissance, et jusqu'aux savants modernes, qui nous force à réaliser sans cesse et sans trêve la légende de la tour de Babel, essayant en vain d'atteindre les hauteurs de la connaissance, en échaffaudant les raisonnements et les déductions qui s'écroulent à mesure sur nous-mêmes. Ce besoin impérieux qui, malgré l'action de la critique, nous excite à vouloir connaître l'inconnaissable et à bâtir sans relâche des édifices nouveaux sur les édifices détruits, est donc un instinct absolument irrationnel, et aussi inconcevable que nuisible puisqu'il ne doit aboutir à rien de précis.

Il y a dans cet effort machinal et impuissant quelque chose d'analogue à l'obstination de l'insecte qu'on voit recommencer sans cesse une construction sans but que l'observateur renverse à mesure qu'il la recommence. Mais on pourrait se demander quel est ici l'observateur ou la cause extérieure qui détruit et disloque les systèmes que l'esprit humain, obéissant à son aveugle loi, s'obstine à recommencer sans cesse.

Quoi qu'il en soit, il résulte évidemment de tous nos efforts stériles et de toutes nos impuissantes tentatives que le temps est passé pour nous de la confiance et de la foi en aucun système métaphysique imaginé ou à imaginer encore ; et c'est avant tout la modestie qui s'impose à toute doctrine nouvelle qui se risque sur les ruines accumulées des doctrines précédentes. Chaque doctrine métaphysique nouvelle semble en effet n'avoir plus qu'un avantage et qu'une utilité, savoir de mieux faire sentir l'inanité et l'illusion des doctrines qui l'ont précédée.

Si Hegel fut bon à quelque chose, ce fut à démontrer l'inconsistance de ses prédécesseurs. Si Schopenhauer eut son utilité, ce fut de réduire en poudre le système de Hegel ; et enfin l'immense et grandiose travail de Spencer n'a-t-il pas surtout pour mérite de démontrer l'inanité des systèmes de Schopenhauer, de Feuerbach, d'Auguste Comte et de leurs semblables !

Sur les ruines de tant de systèmes accumulés, il semble donc qu'il n'en est plus qu'un seul qui aurait le droit de parler avec assurance : c'est celui du scepticisme absolu, c'est-à-dire justement celui-là, qui, par son principe, s'interdit toute assurance et toute affirmation et dont, par conséquent, moins que de tout autre, nous ne pouvons attendre ni une certitude ni une conviction.

CHAPITRE III

Inanité de la Certitude.

Ce scepticisme absolu que nous impose l'histoire de la Métaphysique et de ses impuissantes tentatives, nous est commandé plus impérieusement encore par l'étude des lois de notre entendement.

En effet, il est admis sans conteste, comme on l'a dit plus haut, que nous sommes impuissants à rien concevoir au-delà des faits d'observation, à rien deviner de l'essence des choses et à rien connaître en dehors des phénomènes, des perceptions et des pensées qui en résultent. Mais si ces perceptions sont le fondement et la source de nos pensées, il faut remarquer que ces dernières, étant à leur tour directement et sans intermédiaire perçues par la conscience, possèdent seules pour cette dernière, le caractère immédiat de la certitude.

C'est donc sur la pensée seule que repose pour la conscience la présomption de tout le reste, phénomènes primitifs et objets extérieurs. Il en résulte donc que bien que la pensée ne soit sans doute qu'un effet et une conséquence de ces phénomènes extérieurs, elle est d'autre part pour nous la seule preuve de leur existence ; et que cette conséquence probable des objets extérieurs devient pour nous la seule présomption de leur réalité.

Cette dépendance absolue où toute certitude de l'existence des choses se trouve vis-à-vis de la pensée, Descartes l'a formulée par son axiome célèbre : « *Je pense, donc j'existe* », axiome qui exprime bien énergiquement que toute certitude, même celle de notre existence, repose sur le phénomène premier de la pensée. Cette dépendance est indiquée par le mot *donc*.

Cependant, malgré son apparente rigueur, ce mot ne peut transmettre à la déduction qu'il proclame une certitude égale à celle de l'affirmation dont il sort et il ne peut que greffer une certitude ou probabilité de second degré sur la certitude première de l'existence de la pensée ; d'où il résulte que l'existence de toute chose ne peut avoir pour nous qu'une certitude inférieure et différente de la certitude même de leur conception. La conception des choses est à peu près certaine, mais les choses elles-mêmes ne sont que probables.

Quoi qu'il en soit, on se trouve ici en présence d'objets non seulement inégaux dans leur degré de certitude, mais encore en présence de deux ordres de choses entièrement distincts, d'une part celui des objets extérieurs et de l'autre celui de leurs conceptions ; et ces choses, malgré le lien rigoureux de conséquence qui les unit, n'en sont pas moins de nature absolument hétérogène et différente.

Le phénomène premier d'où provient la pensée, est le résultat du contact, de la rencontre ou de l'intersection de deux éléments d'ordres hétérogènes, c'est-à-dire de l'univers extérieur ou du non moi avec le moi ; mais ce phénomène est absolument différent de l'un comme de l'autre de ces deux éléments. Il ne s'agit ici entre eux que de coïncidences nécessaires mais non d'aucune identité, et il n'en résulte aucunement pour la pensée la connaissance des substances mêmes dont la rencontre et le conflit ont donné naissance à ces phénomènes premiers dont elle résulte.

En effet, d'une part, dans le domaine de l'univers ou du non moi, le phénomène sensoriel de la perception, tel que la sensation du bleu, du rouge, du chaud, du froid, du plaisir ou de la douleur, est absolument différent et distinct des phénomènes précédents qui lui ont donné naissance, et que la science du jour croit pouvoir réduire à de simples mouvements vibratoires. De même ces phénomènes extérieurs sont distincts et différents des atomes matériels ou immatériels que leurs vibrations mettent en mouvement ; de même enfin, ces atomes sont également distincts et différents des lois qui les gouvernent, et ces lois à leur tour sont distinctes et différentes du principe infini dont elles émanent.

D'autre part, dans le domaine du moi intérieur, les conceptions et les pensées sont distinctes et différentes des perceptions des sens dont elles proviennent par une suite de transformations.

Ces ordres successifs de phénomènes sont donc finalement par leur essence et leur nature absolument différents et distincts les uns des autres, et s'il existe entre eux des liens étroits de conséquence et de causalité ou simplement de concordance et de solidarité, s'ils tiennent les uns aux autres par de successives transformations, il n'existe cependant entre eux aucune espèce d'identité, qui permette d'en faire l'assimilation.

Quelle identité peut-on voir entre la volonté qui commande et le mouvement qui lui obéit, entre les coups de marteaux frappés sur une cloche et le son qui s'envole dans l'espace, entre la balle d'une arme à feu et la mort qui peut en résulter ?

Il est donc absolument illusoire de vouloir deviner la ressemblance et le rapport qui peuvent subsister après ces transitions et ses transformations successives, entre les termes extrêmes de cete chaîne de multiples anneaux, c'est-à-dire entre la nature première des choses et leur reflet ultime dans la pensée. Et si cette pensée nous fait admettre la probabilité de phénomènes et d'objets extérieurs qui l'on précédée, cette probabilité ne va pas au-delà de l'existence même de ces objets et ne peut donner absolument aucune notion sur leur nature et leur essence. La pensée peut bien nous faire supposer qu'il existe quelque chose en dehors d'elle et avant elle, mais elle ne peut rien nous dire de plus.

C'est donc une tentative absolument impuissante et stérile que celle des diverses écoles métaphysiques de peupler l'univers d'êtres hypothétiques dont elles cherchent en vain à deviner la la nature et les propriétés.

Cette impuissance est d'ailleurs également reconnue par l'école scientifique moderne qui s'interdit toute recherche s'étendant au-delà des faits d'observation. Elle se laisse, il est vrai, souvent entraîner à des théories qui dépassent ce programme, mais alors ces théories malgré leur prétention à la rigueur ne sont pas plus solides que les hypothèses des métaphysiques anciennes, et elles ont comme ces dernières leur période de vogue et de décadence.

Dans tous ces vains efforts d'invention et d'imagination, nous ressemblons à quelqu'un qui serait enfermé dans un sac, et qui, ressentant à travers ce sac les coups et les chocs des objets extérieurs, voudrait, d'après ces coups et ces chocs, deviner l'essence et la nature de ces objets inconnus.

On pourrait dire encore que l'homme qui contemple l'univers est comme l'observateur placé au centre d'un panorama. Tout autour de lui se trouve, à portée de sa main, un premier plan d'objets dont il peut plus ou moins affirmer la réalité : ce sont ses pensées et ses sensations. Puis il croit apercevoir après ce premier plan d'autres objets qui lui semblent aussi réels quoiqu'il ne puisse plus les toucher; et après ceux-là d'autres encore et toujours plus vagues et plus lointains, sans qu'il lui soit possible de dire où finit la réalité certaine et où elle se transforme en apparence, en illusion, en suppositions et en fantasmagories.

(Toute certitude qui provient d'une certitude précédente par une opération de l'esprit, tombe par cela même de l'ordre des certitudes à celui des probabilités, et à chaque opération nouvelle, elle descend d'un degré dans cet ordre des probabilités.)

CHAPITRE IV

Du Néant de l'Évidence.

L'examen plus approfondi de la base sur laquelle reposent toutes les affirmations quelles qu'elles soient et toutes les opinions humaines, nous conduit d'ailleurs forcément à cette conclusion radicale, qu'il n'est aucune de ces affirmations, sans exception, qui puisse prétendre à la moindre certitude.

Toutes ces affirmations et ces opinions se basent, en effet, et croient fonder leur preuve et leur démonstration sur le sentiment de *l'évidence*. Or, demandons-nous ce que c'est que ce sentiment, sur lequel on fonde ainsi la certitude. Ce sentiment ou plutôt cette sensation de l'évidence, étant en définitive contenue dans la raison humaine, il semble incontestable que cette évidence dépend uniquement des fortuites propriétés de cette raison. La question est donc de savoir si cette raison possède et peut posséder la faculté et la puissance absolue de reconnaître et de discerner le vrai, et si par conséquent cette espèce d'instinct et de sensation qu'on appelle l'évidence est réellement un signe de certitude.

Or, il n'y a aucune espèce de preuve, ni aucun motif de croire qu'il en soit ainsi ; et rien n'indique que cette puissance et cette faculté de discerner le vrai, appartiennent en effet à cette raison humaine. Si donc il en est ainsi et si la sensation même de l'évidence peut n'être et n'est probablement comme toute autre sensation, qu'illusion et qu'apparence, que deviennent alors toutes les opinions, toutes les certitudes, tous les jugements et tous les systèmes quels qu'ils soient, dont ce sentiment de l'évidence semblait être le critérium ?

Cette sensation n'est qu'une sensation comme toutes les autres, et ne constitue pas plus que les autres la moindre preuve de réalité. Tout s'écroule donc à la fois dans le domaine des certitudes en même temps que s'effondre cette base fragile sur laquelle tout repose.

Aussi n'est-il point surprenant que ce sentiment de l'évidence ait donné des résultats si contraires et qu'il soit ressenti si contradictoirement par les individus divers et par les écoles opposées qui se combattent et s'anathématisent les unes les autres, chacune au nom de cette même évidence.

Pour bien sentir le néant de cette évidence, il suffit d'ailleurs de considérer la naissance et le développement de l'intelligence et de la raison à la surface du globe ; et il résultera de cet examen qu'il n'est pas possible d'attribuer ni à cette intelligence, ni à ses facultés, rien de nécessaire ou d'absolu comme le serait la connaissance du vrai.

On voit, en effet, cette intelligence prendre naissance sous la forme la plus humble, et ne s'élever que par degrés insensibles, comme par tâtonnements, de l'origine la plus rudimentaire, aux divers états de développement où nous la voyons aujourd'hui ; et il est facile de constater que cette progression n'est pas terminée et se continue, au contraire, par une capricieuse évolution, en des transformations indéfinies.

Dans ses multiples étapes, cette raison semble aussi accidentelle et fortuite que les formes mêmes des êtres qu'elle anime ; et pas plus que ces êtres eux-mêmes, elle ne semble en aucun d'eux arrivée à un état fixe et nécessaire.

Quelle différence fondamentale présenterait, en effet, l'esprit humain, si la race humaine au lieu d'être le produit perfectionné d'une race omnivore et sociable, s'était greffée sur une race solitaire et carnivore, comme celle du vautour, du serpent ou du tigre, ce qui semble-t-il n'eût eu rien d'impossible ?

Si le vol, l'oppression, le pillage et l'égorgement sont antipathiques à la majorité des races humaines, n'est-il pas singulier qu'ils soient d'autre part la condition nécessaire de l'existence de la plupart des êtres vivants ; et n'est-il pas irrationnel d'avoir à constater en ces êtres tant d'instincts contradictoires et même nuisibles et qui semblent fortuits et accidentels.

Toutes les formes intellectuelles et morales, comme toutes les formes organiques, se contredisent tour à tour. Même dans une race unique comme la race humaine, quelles formes discordantes dans les manifestations de l'intelligence et du sentiment moral chez les différents peuples? Vérité en deçà des Pyrénées', erreur au-delà. Et pour rencontrer ce qu'on appelle l'intelligence humaine en son type officiel, ne faut-il pas éliminer celle de milliers et de millions de créatures inférieures qu'on considère comme non avenues, pour ne tenir compte que de quelques exemplaires de choix. Et ces intelligences d'élite, quelles modifications ne subissent-elles pas elles-mêmes sous l'influence des appétits, des intérêts, des passions, de l'âge, de la fatigue, de la maladie et même de l'alcool ou de l'opium, ou bien encore simplement de la mode, des usages et de l'exemple !

Enfin, si dans ce chaos de facultés et de conditions diverses, on consent à choisir et à reconnaître arbitrairement un type normal et régulier de ce qu'on appellera la raison et la conscience humaines par excellence, ne devra-t-on pas refuser à ce type toute signification et toute valeur, et reconnaître que ce type accepté aujourd'hui n'est que transitoire, et se modifiera graduellement par l'action des siècles, pour être un jour aussi différent de son état actuel, qu'il l'est maintenant de la raison rudimentaire des premiers âges géologiques ?

Quel est le siècle qui accepte les croyances et les opinions de celui qui l'a précédé; et quel contraste n'y a-t-il pas par exemple entre les idées et la compréhension de l'univers de Descartes et de Newton, de Pascal et de Bossuet, et celles de Littré ou de Spencer, sans parler de celles que prépare le vingtième siècle ?

Quelle est d'ailleurs la valeur de ces apparitions successives des divers degrés de la raison terrestre, en présence des milliards d'apparitions et de manifestations simultanées, mais sans doute absolument hétérogènes, qui se manifestent en ce moment et se manifesteront en formes infinies à la surface de tous les corps célestes, les unes plus simples et les autres bien plus puissantes, mais en tout cas radicalement différentes de celles qui se produisent sur notre globe?

Où donc chercher le type définitif et normal de la raison par excellence au milieu de ces infinies manifestations qui apparaîtront encore, non seulement sur la terre, mais dans les divers

mondes de l'Univers ? Autant voudrait chercher parmi tous les
êtres de tous les univers et de tous les âges, le type unique et
définitif de l'être vivant par excellence. Aucune de ces apparitions, aucun de ces types innombrables n'a le droit d'être préféré
aux autres. Ce serait en effet une vue étroite et parfaitement ar-
bitraire de n'étudier ces manifestations que sur le domaine terrestre, qui n'est qu'un cas infinitésimal et particulier dans l'infini des univers. Ce serait un instinct non moins étroit et non
moins trompeur que d'attribuer au moment actuel de l'existence
des choses plus d'importance et d'autorité qu'à tous les instants
successifs de l'évolution éternelle dans le passé et dans l'avenir.
Ce serait une illusion semblable à celle de la science actuelle,
qui se croit plus certaine de ses axiomes que ne l'était la science
des anciens âges, maintenant réduite en poussière comme la
nôtre le sera à son tour.

De toutes ces remarques il semble résulter avec évidence, que
de même qu'aucune des formes de la vie ne présente de caractère
fixe, nécessaire ou définitif, de même et à plus forte raison, on
retrouvera ce caractère d'incessante mobilité, de permutation
fortuite et d'absence absolue de nécessité et d'autorité, dans les
manifestions parallèles et non moins transitoires de l'intelligence. La pensée et la vie sont en effet parallèles dans leur incessante évolution et dans la fragilité de leurs formes.

Au milieu de ce chaos de continuelles transformations où tout
semble accidentel et fortuit, il ne paraît pas possible d'accorder à l'une d'elles des attributions et des facultés d'un caractère
nécessaire et absolu, comme le serait la puissance de discerner
absolument le vrai.

Néanmoins il faut reconnaître qu'un instinct nous porte à croire
que ni les formes de la vie ni celles de l'intelligence ne sont un
effet du hasard, mais qu'elles sont au contraire les manifestations
forcées d'un principe éternel et de lois supérieures, et que par
conséquent elles ne peuvent être ni fausses ni mensongères.

Mais si on doit reconnaître en effet en toute manifestation
psychique un reflet de l'âme universelle ou de l'intelligence su-
prème, il n'est aucunement démontré pour cela, qu'il y a identité
ou même ressemblance entre le reflet et le principe dont il
émane. Il est impossible de démontrer, en effet, si, comme le
déclarent les religions révélées, Dieu a créé l'homme à son
image, ou bien si, comme d'autres le pensent, il n'est aucune

analogie possible entre la créature personnelle et finie, et le principe impersonnel et sans bornes qui contient toute chose.

L'image que produit un miroir est certes l'effet de la lumière que ce miroir reflète ; mais elle ne dépend pas moins dans sa figure et dans sa forme de celles du miroir lui-même, et elle se montrera sous des aspects différents suivant les accidents, les incohérences et les caprices fortuits de ce miroir et de sa structure.

L'unité de la lumière immuable n'empêchera donc pas la diversité contradictoire des images reflétées et de même l'unité d'origine de toutes les idées n'empêche pas leur accidentelle et fortuite diversité suivant les formes de leur miroir, c'est-à-dire suivant la structure fortuite et diverse des organismes pensants, où s'élaborent les idées, pas plus que l'unité d'origine de tous les êtres vivants n'empêche l'infinie diversité de leurs types et de leurs formes.

Ce ne sera donc que par un hasard improbable que la lumière primordiale se reproduira dans son image en une figure semblable à elle-même et qu'on pourra supposer que la ligne droite est le reflet d'une ligne droite, le triangle le reflet d'un triangle. On ne pourra pas d'avantage affirmer que les idées surgies dans la créature, quoique émanant de l'intelligence suprême, en soient une image fidèle et qu'elles possèdent en conséquence aucune puissance de certitude.

En d'autres termes, on devra reconnaître qu'il n'est aucunement prouvé que le sentiment de l'évidence soit une présomption de vérité.

Si donc il faut refuser tout caractère de certitude à toutes les conceptions humaines sans exception, il n'est plus possible d'attacher aucune importance aux sources dans lesquelles la science actuelle espère puiser des convictions définitives et des axiomes inébranlables. Qu'il s'agisse en effet de la constatation de faits matériels ou bien des déductions que prétend en tirer la logique, toutes ces conclusions et ces évidences sont également caduques, hypothétiques et précaires ; car elles manquent absolument de base. La constatation même des faits, ne se fonde que sur les témoignages des sens, et si ces témoignages présentent dans le domaine des certitudes comme un premier degré comparatif d'évidence, il n'en est pas moins probable que cette évidence n'est que sensorielle et apparente.

Quant à tout ce qui vient après ce premier ordre de phénomènes et de certitudes, on ne peut plus y trouver qu'une certitude
ou une ignorance de deuxième, de troisième ou de quatrième
degré, se greffant l'une sur l'autre par des déductions et des in-
ductions successives et toujours de plus en plus arbitraires et
fragiles. Toute affirmation en effet ou toute opération de l'esprit
qui tend à faire sortir une affirmation nouvelle d'une affirmation
précédente la fait tomber, par cette tranformation même, d'un
degré dans l'échelle des certitudes ou plutôt des probabilités.

Devant ce chaos, dont il n'y aucun moyen de contrôler l'illusion
ou la vérité, il n'y a plus de possibles, ni affirmation, ni même
probabilité, ni choix ; il n'y a plus rien.

CHAPITRE V

Des Apparences de l'Univers. — Les Infinis.

Cette conviction d'impuissance absolue n'empêchera cependant personne et ne nous empêchera pas non plus d'obéir à l'instinct d'investigation qui nous possède ; et tout en étant bien persuadés que le panorama qui nous entoure n'est qu'illusion, chacun cherchera à le comprendre et à le décrire. Chacun essaiera donc, selon ses facultés et ses inspirations personnelles, de se créer son système métaphysique.

Quant à nous, l'impression première qui résulte, avant toute autre, du spectacle de l'univers, c'est que nous sommes plongés, et avec nous sont plongés tous les objets et toutes les choses, dans deux principes ou deux éléments primordiaux qui contiennent tout le reste : le temps et l'espace.

Ces deux éléments premiers ne sont susceptibles d'aucune définition, ni d'aucune explication ; on les ressent, on les perçoit, mais on ne les explique pas. Il nous semble seulement qu'ils sont tous deux nécessaires à leur compréhension mutuelle, autant que cette compréhension nous est possible. Il semble, en effet, que le temps ne se manifeste et n'est sensible pour nous que par les changements d'état et d'apparence des objets contenus dans l'espace, et que ce sont ces apparences et ces manifestations successives qui produisent en nous la sensation et la perception du temps. Si nous ne pouvions, en effet, percevoir autour de nous aucun objet nouveau, mais seulement une immuable et complète immobilité, il semble que nous perdrions tout sentiment, toute compréhension et toute notion du temps.

Il ne semble pas moins évident qu'aucune notion des objets extérieurs contenus dans l'espace ne nous serait perceptible si cette perception n'avait une certaine durée, et que nulle perception n'est possible en un temps nul, égal à zéro. Les deux éléments primordiaux, dans lesquels tout est contenu, nous apparaissent en outre infinis de leur nature, sans limite et sans terme possibles ; et le temps se confond pour nous en éternité, comme l'espace en immensité. Cette conception de l'infini s'impose à l'esprit par l'impuissance où nous sommes de concevoir une limite ou une fin, soit au temps, soit à l'étendue, limite ou fin, après lesquelles il n'y aurait plus qu'un néant absolu, que l'esprit est impuissant à concevoir. Si, en effet, nous sommes incapables de concevoir la nature, l'essence et l'existence du temps et de l'espace, nous concevons encore moins qu'ils puissent ne pas exister et que le néant lui-même puisse supprimer ou le temps ou l'espace.

La conception de l'infini nous est donc commandée impérieusement par l'impossibilité de la conception contraire et par ce que nous nommons le sentiment de l'évidence ; et cette évidence, toute précaire qu'elle soit, ne le cède en rien à celle qui nous fait croire à l'existence des grandeurs finies. Il n'y a donc aucune raison pour croire aux unes plutôt qu'aux autres, ou pour révoquer en doute les unes plutôt que les autres.

Un examen plus attentif du temps et de l'espace nous fait reconnaître entre eux cette différence, que le temps ne nous semble posséder qu'une seule dimension qui s'étend comme une ligne infinie de l'éternité du passé vers l'éternité de l'avenir, et sur laquelle chemine le présent ; tandis que l'espace n'est compris par nous que comme possédant trois dimensions distinctes : la longueur, la largeur, et la profondeur.

En continuant notre examen, il nous paraît encore que de même que tonte dimension finie nous semble avoir deux extrémités opposées, un commencement et une fin, de même chacune des dimensions infinies, soit celle du temps, soit chacune do celles de l'espace, nous paraît s'étendre, dans l'infini, dans deux directions opposées.

Il n'est aucune distinction possible, aucune différence définissable, entre ces deux directions opposées, qui s'appellent, pour le temps, l'avenir et le passé, et pour l'espace, le haut et le bas, l'avant et l'arrière, la droite et la gauche.

Cependant quoique aucune différence entre ces directions contraires n'existe dans le monde intellectuel, elle est néanmoins ressentie par tout l'univers matériel.

Les plantes, bien qu'elles semblent ignorer presque complètement la distinction de l'avant et de l'arrière, connaissent cependant comme les animaux celle de la droite et de la gauche, et surtout celle du haut et du bas.

Il en est de même pour les cristaux inorganiques, comme par exemple ceux des acides tartrique et racémique, et de même aussi pour les fluides impondérables. La lumière connaît un *arrière* et un *avant* dans son rayonnement à travers l'espace, une droite et une gauche en ses polarisations ; et l'électricité comme le magnétisme distinguent, dans leurs courants, l'avant et l'arrière, ainsi que la droite et la gauche, et se dédoublent dans leurs manifestations en deux sens de droite et de gauche, et en deux effets ou fluides positif et négatif, de nature opposée et contraire.

Mais tandis que l'instinct sensoriel et pour ainsi dire corporel, ressent une perception différente en présence de ces directions opposées, le raisonnement théorique et ses déductions les plus rigoureuses, sont absolument incapables de reconnaître entre elles aucune différence quelle qu'elle soit ; et elles ne parviennent à les distinguer et à les définir qu'en déclarant que l'une est l'opposée de l'autre, comme le sont par exemple l'œil droit et l'œil gauche.

On doit en conclure scientifiquement que l'avenir est absolument identique au passé et la droite identique à la gauche, comme le sont deux figures symétriques dont on ne peut dire laquelle est la véritable et laquelle est l'image et le reflet de l'autre.

Cette différence contradictoire qui se manifeste entre les affirmations de la théorie et les impressions instinctives de nos sens, se reproduira presque à chaque pas dans nos conceptions de l'univers. Pour ce qui concerne cette idendité des contraires, ou cette différence entre les identiques, l'algèbre les représente par les signes + et — qui n'ont d'autre signification que d'être l'opposé l'un et l'autre, et qui, appliqués à un même objet, le laissent identique à lui même, en indiquant seulement qu'il est orienté dans un sens ou dans le sens contraire. Cette conception de sens et d'orientation contraires permet de concevoir l'existence et la signification des quantités dites négatives, qui ne sont que des quantités ordinaires dirigées en sens inverse du sens précédemment admis. Sans cette conception, l'esprit serait forcé d'admettre l'existence de quantités réelles et finies plus petites que le néant, conception qui semble incohérente et inadmissible, car il n'y a de plus petit que le néant, que ses puissances c'est à dire ses fractions ou subdivisions. La conception de la quantité négative cesse au contraire d'être incompréhensible et elle ne présente même plus de difficulté à l'esprit, quand elle se réduit à une conception de sens ou d'orientation. Cette concordance des signes + et —, appliqués aux nombres, avec l'orientation contraire des grandeurs, ne s'adapte pas seulement aux grandeurs simples, comme la dimension d'une ligne ou la distance de deux points, mais cette interprétation s'applique de même à toute figure, aux surfaces et aux solides, et à tout système de points multiples. C'est ainsi, par exemple, que quand la surface d'un triangle nous est donnée en fonction de ses trois côtés par la formule :

$$S = \pm \tfrac{1}{4} \sqrt{2\,A^2\,B^2 + 2\,A^2\,C^2 + 2\,B^2\,C^2 - A^4 - B^4 - C^4}$$

cela nous indique, grâce aux deux signes + et —, que lorsque trois côtés s'assemblent pour former un triangle, ils produisent toujours, non pas seulement un triangle, mais bien deux triangles absolument pareils et identiques, qui pourtant ne sont pas superposables, mais seulement symétriques et orientés en sens contraires. C'est pour cela que leurs surfaces égales sont algébriquement de signes contraires.

Si en effet on représente la position d'un point dans un plan par ses coordonnées, ce point changera de position pour devenir symétrique à lui-même quand l'une de ses coordonnées changera de signe ou de direction ; et de même les figures et sytèmes quelconques, formés par plusieurs points, ne seront plus que les symétriques et non les identiques d'eux-mêmes, quand changeront la direction et le signe d'une des coordonnées de leurs points constituants. Les systèmes prendront des signes contraires, comme les prennent aussi les produits de leurs coordonnées. Mais il est remarquable de voir qu'avec le changement de direction de deux coordonnées de chaque point, le

système redevient non plus symétrique, mais identique et super-
posable au système primitif, en même temps que le produit des
coordonnées redevient de même signe.

Le changement de direction d'une troisième coordonnée ramè-
nerait le système nouveau à n'être plus que le symétrique du
premier et du troisième, mais l'identique du second qui aurait
le même signe dans le produit de ses coordonnées ; et c'est ce
que constate l'expérience quand elle nous montre que l'image
produite par une lentille n'est pas l'identique mais seulement la
symétrique de l'objet qu'elle reproduit : car en effet chacun des
points de l'image a ses trois coordonnées de signes contraires
de ceux des trois coordonnées de l'objet primitif, la lentille étant
supposée à l'origine des coordonnées.

CHAPITRE VI

Des Apparences de l'Univers.
Des divers Degrés de Grandeur.

Si l'instinct sensoriel n'a accepté qu'avec une certaine difficulté l'identité des directions contraires de l'infini, et si ce n'est que par l'interprétation d'orientations opposées qu'il conçoit l'existence des quantité négatives, il s'est en définitive produit, grâce à ces interprétations, un certain accord entre les suggestions théoriques et les impressions des sens.

Il sera loin d'en être toujours ainsi dans l'étude et l'examen de l'univers ; et c'est plutôt une opposition continuelle qu'un accord qui se manifestera entre eux.

C'est par exemple avec une difficulté presque insurmontable que l'esprit essaie de comprendre la signification des quantités *imaginaires*, de ces quantités que nous révèlent les mathématiques, et dont l'existence paraît à la fois évidente quoique absurde et impossible quoique nécessaire. On a cherché à s'expliquer et à interpréter l'existence de ces quantités en leur attribuant une direction ou orientation particulières, comme on l'avait déjà fait pour les quantités négatives.

Quand il s'agit de grandeurs et de figures contenues en une seule ligne ou dans un même plan, on essaie de se figurer l'imaginaire en la supposant dirigée hors de la ligne ou du plan qui contiennent les grandeurs dont on s'occupe ; et l'on obtient ainsi en effet des grandeurs qui n'existent pas dans cette ligne ou dans ce plan, c'est-à-dire dans leur univers, et sont pour eux imaginaires, mais qui existent pourtant ailleurs et en dehors d'eux. Mais cette interprétation ne semble plus applicable, quand il s'agit de grandeurs situées non pas sur une ligne ou dans un plan, mais dans l'espace lui-même ; car il faudrait alors supposer qu'il existe, pour contenir ces imaginaires, un lieu en dehors de l'espace, et que, pour sortir de cet espace, il existe une quatrième dimension en dehors des trois dimensions qui nous semblent constituer l'étendue toute entière. Cette quatrième dimension qui est nécessaire pour contenir, en dehors du monde réel, le monde des quantités imaginaires, doit certainement exister puisqu'elle est exigée par l'algèbre. Elle surpasse, il est vrai, notre compréhension, mais c'est là une circonstance absolument sans valeur et qui ne constitue aucun argument contre son existence.

Une chose n'en est pas moins possible ou probable indépendamment du fait que nous ne pouvons la comprendre et qu'elle échappe à notre conception. Il est au contraire impossible de négliger aucune indication et aucune exigence de l'algèbre.

Elles ne sont jamais sans une impérieuse et nécessaire signification.

Mais n'est-il pas néanmoins difficile de trouver une interprétation qui fasse comprendre par exemple comment deux cercles placés dans un même plan et qui ne se rencontrent pas, se rencontrent toujours sans se rencontrer ; et se rencontrent en outre toujours en quatre points, quoique deux cercles semblent ne pouvoir se couper toujours qu'en deux points ?

Comment expliquer de même que trois lignes qui ne peuvent, par suite de leurs rapports de grandeur, former aucun triangle en forment cependant toujours un et même toujours deux ; et que ces deux triangles impossibles n'en ont pas moins des dimensions, des angles et une surface parfaitement déterminés ?

Ces difficultés et ces contradictions entre notre instinct et les déductions de la logique sont bien faites pour nous faire sentir le néant de ces deux sources contraires de nos connaissances et de nos convictions, et pour nous mettre en garde contre elles. Leur même contradiction se retrouve dans toutes les branches de nos connaissances et dans la conception des grandeurs infinies et même des grandeurs de tout ordre ; et en définitive l'esprit ne comprend pas mieux l'essence d'une grandeur quelconque infinie ou finie, qu'il ne comprend celle des quantités négatives et des quantités imaginaires.

Bien que la croyance à l'infini semble, comme nous l'avons vu, imposée à l'esprit avec tout le degré d'évidence qu'il est susceptible de ressentir, il est certain que cette conception est obscure et diffuse.

D'après l'impression instinctive des sens, il nous semble qu'une grandeur devient infinie quand elle dépasse par [son énormité toute observation et toute imagination ; comme d'autre part il semble que toute grandeur s'annule peu à peu et disparaît en devenant, comme on le dit quelquefois, négligeable, c'est-à-dire assez petite pour échapper à toute perception possible.

Il semble, en un mot, que les quantités finies ne sont susceptibles que d'un certain degré de grandeur et qu'elles sont comprises entre l'énorme et l'imperceptible, après quoi elles se fondent dans l'infiniment grand et dans le zéro absolu.

Cette illusion provient de ce que nous ne concevons réellement l'existence que des objets accessibles aux sens. On n'est jamais bien persuadé de l'existence de ce qu'on ne pourra jamais voir ou toucher ; et c'est sur cet instinct que se fonde le calcul infinitésimal, quand il parle de quantités infiniment petites et négligeables.

Le raisonnement et la logique indiquent au contraire, que tant qu'une grandeur existe, elle ne peut se fondre, ni dans l'infini, ni dans le néant, dont elle reste séparée par des abîmes infranchissables.

Quelque immense que soit une quantité et quelque supérieure qu'elle soit à toute imagination, on peut cependant, tant qu'elle n'est pas infinie, y ajouter encore d'autres quantités quelconques. On peut par exemple rendre immédiatement ces quantités immenses encore immensément plus grandes, en les multipliant simplement par elles mêmes ; et ces quantités nouvelles, quoiqu'immensément grandies, n'en sont pas moins toujours également petites devant l'infini ; et on peut continuer à les grandir toujours et à les augmenter toujours de quantités quelconques sans jamais approcher en quoi que ce soit de l'infini.

L'esprit a, il est vrai, peine à concevoir ces énormités, comme par exemple le nombre réel de centimètres qui mesure la distance qui nous sépare des extrêmes confins de l'univers visible ; comment concevoir, à plus forte raison, le nombre exprimé par cette même distance, si elle n'est plus figurée par une accumulation de centimètres, mais bien par le chiffre 1 suivi sur toute cette étendue d'une série immense ! , zéros, dont chacun décuple à son tour le nombre qui le pré·_de !

L'esprit a aussi de la peine à se figurer ces énormités accumulées et à reconnaître dans ces nombres qui lui semblent fabuleux et devant lesquels les milliards ne sont que des atomes, des nombres tout pareils à ceux qu'il soumet journellement à ses calculs. Les mathématiques lui disent au contraire qu'il n'est entre eux aucune différence quelconque, et que le nombre supposé ci-dessus, malgré son immensité est soumis aux règles ordinaires, et qu'il est par exemple divisible par les nombres premiers 1, 2 et 5, et n'est au contraire divisible ni par 3, ni par 7, ni par aucun autre nombre premier ; et qu'au lieu de toucher à l'infini, comme l'instinct semblerait l'admettre, ce nombre énorme reste devant l'infini absolument insignifiant et nul, et n'a pas plus d'importance que les quantités les plus imperceptibles.

On ne peut faire de l'infini qu'avec de l'infini, c'est-à-dire avec des grandeurs infinies ou bien avec des grandeurs finies multipliées à l'infini.

D'autre part, tant qu'une quantité infiniment petite existe, on peut toujours la diminuer de la moitié ou d'une proportion quelconque, sans que la nouvelle quantité qui reste, soit différente et diminuée en face du néant, et sans qu'on ne puisse continuer à la diviser et à la diminuer encore indéfiniment et sans fin, sans jamais arriver à l'anéantir.

Il est donc rigoureusement vrai de dire qu'il n'existe pas dans l'univers de quantités infiniment petites. Dès que ces quantités existent elles sont finies et réelles et elles ne cessent de l'être qu'en s'annulant et devenant égales à zéro. Il n'y a donc pas entre les quantités finies et le zéro un ordre distinct de quantités infiniment petites.

L'insécabilité des atomes n'est qu'une hypothèse et une imagination, qui d'ailleurs ne s'appliquerait qu'à la matière et non aux quantités mathématiques.

L'atome insécable, quel qu'il fût, serait un solide comme tout autre solide, qu'un microscope assez puissant permettrait de voir et d'examiner avec ses dimensions déterminées qu'on ne pourrait appeler petites, puisqu'elles pourraient être des millions et des milliards de fois plus grandes que leurs subdivisions.

Il semble donc incontestable que toutes les quantités finies, quoique présentant entre elles des différences relatives et des rapports de grandeur et de petitesse, redeviennent égales et équivalentes en présence de l'infini, comme en présence de zéro. Elles ne sont différentes que quand on les compare entre elles. Leurs grandeurs et leurs petitesses ne sont que relatives; et leur différence s'anéantit et disparaît dès qu'on les compare au néant ou à l'infini, devant lesquels toutes ces quantités finies deviennent équivalentes, égales, semblables et pareilles, et de nature absolument identique. Elles sont toutes infiniment grandes devant le néant et nulles devant l'infini.

Néanmoins, de même que l'instinct sensoriel n'a, comme on la vu, reconnu qu'avec peine cette vérité incontestable qu'il n'est aucune différence de nature entre les directions contraires du temps et de l'espace, entre l'avenir et le passé, la droite et la gauche, ou l'avant et l'arrière, il a de même quelque peine à comprendre cette autre vérité également incontestable qu'il n'existe non plus aucune différence entre les dimensions ou les quantités dites grandes ou petites et que cette notion de grandeur et de petitesse n'a aucune réalité, et n'est absolument susceptible d'aucune définition.

Qui pourra jamais dire si les nombres mille ou un million sont grands ou petits? Ce sont évidemment des nombres imperceptibles s'il s'agit par exemple de molécules, dont un litre contient, à ce qu'assure la chimie, plusieurs septillions ou milliards de milliards; tandis que ce sont certainement des nombres énormes s'il s'agit pour nous de nos années ou de nos siècles.

On peut donc dire en résumé qu'il y a des quantités plus grandes ou plus petites les unes que les autres ; mais il faut que l'esprit s'habitue à cette vérité qu'il n'en est pas de grandes non plus que de petites.

Cette conception n'existe que par l'illusion de nos sens qui comparent toutes les dimensions à celles de notre corps et à celles qui sont accessibles à nos perceptions. Les choses sont nommées grandes quand elles sont plus grandes que leurs pareilles ou que celles qui leur sont voisines, et qu'elles dépassent l'étendue de nos perceptions ; de même qu'elles sont dites petites, quand elles cessent de nous être perceptibles ; mais, en réalité, elles sont toutes égales entre elles.

Il est donc indispensable de s'expliquer le langage du calcul infinitésimal, quand il déclare une différentielle négligeable devant une quantité finie, et une différentielle de degré supérieur négligeable devant la différentielle de degré inférieur.

En quoi ces quantités sont-elles en effet négligeables les unes devant les autres ?

C'est dit-on parce que leur rapport est extrêmement petit. Mais les rapports, de même que toutes les autres quantités, ne peuvent être dits ni grands ni petits, au point de vue de l'absolu.

Ils ne le sont que s'il s'agit d'applications industrielles ou d'appréciations de nos sens ; et la différentielle ne devient réellement négligeable qu'en devenant égale à zéro.

Il y a là dans le langage mathématique une confusion qui tient au sens qu'on donne abusivement au mot *infiniment*, qu'on semble parfois assimiler à tort au mot extrêmement.

Une quantité infiniment petite n'est pas négligeable, quand elle n'est qu'extrêmement petite ; et elle ne le devient que quand elle est en effet *infiniment* petite, c'est-à-dire absolument égale à zéro. De même une quantité extrêmement grande où énorme ne devient *infiniment* grande que quand elle devient réellement infinie. Les formules du calcul différentiel ne sont donc que des approximations qui ne deviennent exactes que quand la différentielle devient égale à zéro, et c'est alors seulement que l'approximation arrive à l'exactitude.

———————

CHAPITRE VII

Des Apparences de l'Univers.
Des Ordres superposés de Grandeurs.

La difficulté qu'on rencontre, comme on vient de l'indiquer, dans la conception des grandeurs finies de dimensions diverses, se retrouve plus grande encore dans celle des quantités infiniment grandes et dans celle des quantités infiniment petites et nulles.

On a vu plus haut que l'évidence nous impose la croyance aux quantités infinies, par l'impossibilité où nous sommes de concevoir pour les borner une limite quelconque qui ne serait suivie que d'un néant absolu et sans étendue. Mais malgré cette nécessité de leur existence, les quantités infiniment grandes et les quantités nulles nous restent incompréhensibles ; et il ne faut pas s'en étonner, puisque nous ne pouvons jamais comprendre que ce qui a d'abord été perçu par nos sens.

L'infiniment grand se présente à l'esprit, comme une sorte de gouffre ou d'abîme, que ne peuvent atteindre non seulement aucune grandeur finie, mais encore aucune compréhension.

Cet infini nous semble de nature toujours identique et absolue ; et il semble que tout infini est toujours également infini, incommensurable, équivalent et pareil à lui-même. Il l'est en effet devant les quantités finies de notre univers borné et devant notre impuissance à le comprendre. Mais ces infinis, quoique identiques devant le fini, redeviennent distincts et divers, dès qu'on ne les compare qu'entre eux ; et ils peuvent prendre alors les uns envers les autres tous les degrés et tous les rapports possibles de grandeur.

Ils forment donc entre eux tout un univers semblable au nôtre, et dont les quantités ont entre elles les mêmes relations, les mêmes lois, les mêmes formules et les mêmes rapports que nos quantités finies.

Deux et deux font quatre aussi bien dans l'ordre des zéros, que dans l'ordre des quantités réelles et dans l'ordre des infinis.

Il paraît, par exemple, bien évident que la ligne qui s'étend d'un point quelconque jusqu'à l'infini est égale à celle qui s'étend de ce même point vers l'infini du sens opposé, et que ces deux lignes infinies ne sont pourtant chacune que la moitié de la ligne toute entière qui va d'un infini à l'autre. Il paraît également ment évident que le nombre infini de kilomètres contenus dans les lignes susdites est, quoique infini, mille fois plus petit que le nombre de mètres contenus dans ces mêmes lignes, et un million de fois plus petit que le nombre qu'elles contiennent de milli-mètres.

De même, l'espace infini compris dans l'angle formé par deux droites n'est que la moitié ou le tiers de l'espace compris dans un angle double ou triple. Il ne semble pas moins inconstestable que l'espace infini contenu entre deux lignes parallèles, distantes d'un mètre, est, quoique infini, vingt fois ou mille fois plus petit qu'il ne le serait si les deux parallèles étaient à vingt mètres ou à mille mètres l'une de l'autre ; et que ces espaces infinis ne sont eux-mêmes, en comparaison de la surface totale illimitée, que dans le rapport infiniment petit de leur largeur à une largeur infinie, multipliée par 2, c'est-à-dire dans le rapport de l'infini simple à 2 infinis multipliés par l'infini ou à 2 infinis élevés au carré.

Il semble encore résulter de ce qui précède que les points géométriques sans grandeur qui sont en nombre infini dans la longueur d'un mètre, sont au nombre de deux infinis au carré dans la ligne qui s'étend d'un infini à l'autre, puis au nombre de deux infinis au cube, dans une surface comprise entre deux parallèles, puis au nombre de quatre infinis à la quatrième puissance dans une surface plane infinie et enfin au nombre de huit fois l'infini élevé à la sixième puissance dans l'espace total de l'immensité ; de sorte que ce nombre $8 \times \infty^6$ représente la quantité totale des points geométriques de l'espace infini.

La compréhension de l'existence réelle des quantités nulles et de leur variation de grandeur et de rapport est plus obscure encore que celle des infiniment grandes. Il semble, en effet, à notre instinct, que toutes les quantités nulles sont toutes également nulles et toutes égales entre elles. Cela n'est vrai cependant qu'autant qu'on les compare aux quantités finies ; mais dès qu'on les compare entre elles, on voit aussitôt ces quantités nulles présenter comme les autres tous les rapports et tous les degrés comparatifs de dimensions et de grandeurs. Si on remarque, en effet, que le zéro ou le néant est égal à une quantité finie M divisée par l'infini, il faut bien que ce zéro ait des valeurs diverses et en proportion inverse des infinis qui diviseront le nombre M, et des valeurs proportionnelles à celles de ce nombre M.

Il faut donc qu'on ait des valeurs égales à : $0, 2{\times}0, 3{\times}0 \ldots$ pour correspondre aux valeurs de : $\infty, 2 \times \infty, 3 \times \infty \ldots$

Il faut de même qu'il existe des néants de degrés ou de puissances multiples, et nuls les uns devant les autres, pour correspondre aux diviseurs infinis élevés eux-mêmes à diverses puissances.

Si d'ailleurs on considère la formule: $A - A = O$, et si on la multiplie par un nombre quelconque M, on obtient: $M A - M A = M O$, et comme d'autre part : $M A - M A$, est aussi égal à O, il en résulte que : $M O = O$, ce qui montre bien qu'il existe des zéros de grandeurs multiples.

La même conclusion nous est donnée par la formule: $X = M Y$, qui représente géométriquement une ligne droite et qui nous montre que lorsque cette droite passe par l'origine des coordonnées et vient au contact de l'un des axes à la distance zéro, elle est au contact de l'autre axe à la distance: $M \times O$, ce qui montre qu'il y a des contacts à des distances différentes quoique également nulles.

La formule de la parabole : $Y^2 = X$, nous montre également que quand cette courbe coupe les axes des coordonnées et qu'elle touche l'axe des X à une distance O, elle touche l'axe des Y à une distance encore infiniment plus petite que zéro, c'est-à-dire zéro élevé au carré.

Enfin si des zéros nous repassons aux infiniment grands, ces mêmes formules nous montrent encore que quand la droite : $X = M Y$, arrive à une distance infinie de l'un des axes, elle est à une distance M fois infinie de l'autre axe, et que quand la parabole: $Y^2 = X$, s'étend jusqu'à l'infini des Y, elle arrive dans la direction des X à la distance infiniment plus grande de l'infini élevé au carré, ce qui est d'ailleurs facile à concevoir puisque, à cette distance, la parabole est devenue parallèle à l'axe des X et continue à se diriger dans ce sens vers l'infini en cessant de s'élever davantage dans la direction des Y.

De tout ce qui précède, il résulte que les infinis, comme les néants, sont de grandeurs et de degrés multiples, et qu'il existe entre les quantités de chacun de ces ordres superposés, les mêmes rapports intérieurs qu'entre les quantités finies. Mais il existe une différence et une incommensurabilité absolues entre les grandeurs de ces ordres et celles de l'ordre suivant, dont elles semblent séparées comme par un abîme.

Les grandeurs appartenant au même ordre sont donc à la fois égales et différentes ; elles ne sont différentes que quand on les compare entre elles, mais elles restent de valeurs équivalentes et égales devant les grandeurs des ordres différents, étant toutes infiniment grandes devant les valeurs de l'ordre qui précède, tandis qu'elles sont toutes nulles devant les valeurs de l'ordre qui suit et dont elles sont comme les différentielles ou les zéros.

Par la compréhension des vérités qui précèdent, on trouvera parfaitement claires et rationnelles les formules suivantes que nous présentent les mathématiques :

$$1 = 2 = 3 = \ldots = M,$$

qui paraissent au premier abord irrationnelles en exprimant l'égalité de toutes les grandeurs finies.

Ce sont également ces mêmes vérités qui font comprendre pourquoi lorsque les grandeurs infinies ou nulles apparaissent dans les formules en présence de quantités finies, et quand une fonction algébrique prend une forme telle que :

$$\frac{0}{0} \quad \text{ou} \quad \frac{\infty}{\infty},$$

cette fonction devient indéterminée, puisque les expressions zéro et infini sont tantôt différentes entre elles et tantôt au contraire égales et de nature équivalente, suivant qu'on les compare entre elles ou aux quantités finies.

Quoi qu'il en soit, il résulte de ce qui précède que l'ensemble, la totalité des univers possibles se compose d'une suite infinie d'ordres superposés qui se suivent en une progression géométrique dont le module est l'infini et se succèdent depuis les zéros élevés à la puissance infinie jusqu'à l'ordre des infinis également élevés à la puissance infinie en passant par l'ordre des quantités finies, qui ne forment qu'un cas particulier et qu'un des termes de la susdite progression, terme qui se trouve compris entre celui des zéros et celui des infinis simples.

Il n'y a donc aucune différence de nature et de réalité entre ces ordres superposés dans lesquels subsistent, persistent et se manifestent les mêmes lois et les mêmes formules, qui restent identiques dans tous ces ordres de grandeurs. Quant à l'ordre des quantités finies dans lequel nous sommes plongés, il ne nous paraît être plus réel que les autres, que par cette raison fortuite que c'est celui dont nous faisons partie.

CHAPITRE VIII

Des Apparences de l'Univers. — De la Permanence des Phénomènes.

De l'opposition, constatée ci-dessus, entre l'impression instinctive et les déductions de la logique au sujet de la compréhension des grandeurs, résulte, comme conséquence, une différence radicale dans la conception qu'on peut se faire des phénomènes de la nature.

Le raisonnement théorique, qui n'admet ni grandeur ni petitesse, fait logiquement supposer que les mêmes lois régissent tous les phénomènes matériels, quelle que soit l'échelle sur laquelle ils se produisent.

Il semble en résulter que les lois physiques, telles que celles de la gravitation, du mouvement mécanique et de l'inertie, de la propagation des fluides impondérables, doivent rester immuables, constantes, quelles que soient la grandeur et l'intensité des forces et des phénomènes mis en jeu.

S'il en est réellement ainsi, et s'il faut réellement croire, contrairement aux impressions instinctives, qu'un phénomène ne cesse pas d'exister et de se poursuivre suivant sa loi, même quand il n'est plus perceptible à nos sens, et que sa petitesse n'ôte rien à sa réalité, il en résultera à chaque pas, dans l'étude de la nature, des affirmations que l'esprit n'accepte au premier abord qu'avec peine, malgré leur rigoureuse logique.

Il faudra croire, en effet, que tout phénomène continue à exister avec la même réalité, même quand il semble anéanti et qu'il. échappe à toute perception, car le fait de cette perception n'est qu'une circonstance fortuite d'importance absolument nulle et sans valeur.

On sera donc forcé de croire indubitablement qu'une goutte d'eau, tombée dans l'Océan, en élève le niveau d'une quantité réelle, et y produit un remou éternel et indestructible ; qu'un son de voix qui semble s'éteindre dans l'air ne s'éteint pas et se répercute en réalité jusqu'aux antipodes et continuera réellement à se répercuter jusqu'à la fin de siècles, comme se répercutent encore toutes les voix du passé ; que le saut d'un insecte trouble l'orbite de la Terre et celle de Jupiter ; ou bien encore qu'un rayon de lumière, renfermé dans une boîte, continuera pendant la suite infinie des siècles à se réfléchir entre les parois de cette boîte, en perdant à chaque réflexion une fraction de son intensité, mais sans pouvoir jamais s'anéantir.

Il faut bien se convaincre que ce ne sont pas là des paradoxes ou des jeux d'esprit, mais des axiomes irréfutables et des vérités positives que l'esprit doit admettre, comme il a dû déjà admettre les autres vérités que lui ont imposées, comme on l'a vu plus haut, les déductions rigoureuses de la logique ; et cela malgré la difficulté de la conception des choses inaccessibles aux sens.

Cette persistance et cette indestructibilité des infiniment petits semblent bien confirmées par l'observation des faits. Ne semble-t-il pas que l'attraction d'un atome, qui parait déjà nulle vis-à-vis d'un atome qui le touche, doit être bien autrement nulle envers un autre atome placé sur un soleil ou sur Sirius, et ne peut-on pas dire qu'il s'agit là d'un néant aussi nul que celui des quantités indiquées dans les exemples cités ci-dessus ? Et cependant ces néants prouvent leur existence en s'additionnant pour former les attractions des astres et régler leurs orbites!

De même, quand on discerne, par un puissant télescope, la lueur presque imperceptible d'une nébuleuse située aux confins visibles de l'univers, il faut se souvenir que cette lueur infinitésimale n'est que la somme d'autres lueurs bien plus infinitésimales encore, c'est-à-dire des lueurs de chacun des atomes infinitésimaux dont la nébuleuse est composée. Et cependant, ces infinitésimales fractions d'infinitésimales conservent, tant qu'elles existent, les mêmes propriétés et les mêmes lois que celles qui régissent les phénomènes les plus énormes ; et la photographie céleste parvient, par une action suffisamment prolongée, à déceler, par ses réactions ordinaires, des images absolument invisibles.

Il faut donc admettre, si les phénomènes diminuent indéfiniment sans cependant s'annihiler, que la position, l'état et le mouvement actuels de chaque atome sont le résultat nécessaire, non seulement de toutes les forces qu'exercent actuellement sur lui tous les atomes de l'univers, mais encore le résultat nécessaire et comme la résultante et le résidu de toutes les forces exercées sur cet atome, par tous les atomes de l'univers, depuis le commencement de l'éternité.

On est, en effet, forcé de reconnaître que si les phénomènes de toute nature ne sont pas le produit du caprice, mais sont le résultat et la suite inflexible des phénomènes qni les ont immédiatement précédés et de leurs lois nécessaires, et s'ils ont de même pour résultat inflexible les phénomènes qui leur succèdent, il doit exister un lien inexorable et rigide entre tout ce qui fut et tout ce qui sera.

Il résulte inexorablement de l'état actuel de l'univers que tous les phénomènes des univers futurs sont absolument déterminés dès aujourd'hui dans leur moindres détails jusqu'à la fin des siècles.

De même l'état actuel du moindre atome est le résultat mathématique et rigoureux de tous les phénomènes qui se sont succédé depuis l'origine des temps.

Les univers du passé, comme ceux de l'avenir, ne forment donc avec celui du présent qu'un seul tout et comme un seul bloc homogène, rigide et en quelque sorte simultané, tout le passé et tout l'avenir étant contenus dans le présent, de même que le présent est tout entier contenu dans l'avenir et dans le passé.

Ainsi donc, toutes les choses possibles, quoique encore invisibles, tous les univers futurs existent déjà de toute éternité pour apparaître à la réalité lorsque leur jour sera venu ; et ils continueront de même à exister de toute éternité après cette apparition d'un instant, de même que continuent à subsister tous les univers déjà successivement réalisés et disparus. Il faut en outre reconnaître en y réfléchissant que toutes les choses qui paraissent exister n'existent que dans le passé on dans l'avenir et non dans le présent, car le présent lui-même n'existe pas.

Qu'est-ce, en effet, que le présent, si ce n'est seulement la séparation toute idéale et toujours mobile et flottante entre le passé et l'avenir, séparation sans réalité, comme elle est sans durée!

Qu'est-ce, dans l'esprit, que la sensation apparente du présent, si ce n'est en réalité le souvenir d'un passé tout récent et comme immédiat!

Le présent ne peut avoir plus de réalité que n'en aurait un plan mathématique sans épaisseur qui s'avancerait à travers l'immensité et la diviserait en deux moitiés, comme le présent chemine à travers l'éternité, en la partageant aussi en deux moités : celle du passé et celle de l'avenir, l'Éternité négative, et l'Éternité positive.

Ce plan dont l'épaisseur est égale à zéro, et ce présent dont la durée est de même égale à zéro, n'ont donc rien de réel ; et il devient impossible d'admettre que cette durée nulle et qui par conséquent n'existe pas pour notre univers fini, suffise à l'incessante création des univers qui naissent, et suffise également à leur subite destruction. Aucun phénomène en effet ne peut avoir dans notre univers fini une durée égale à zéro ; et toute chose dans laquelle entre ce facteur zéro, est elle-même égale à zéro, et n'a pas d'existence réelle dans l'ordre de notre univers.

Au lieu donc de supposer ces créations et ces destructions incessantes et instantanées d'univers successifs sortant du néant et y rentrant aussitôt, au lieu d'admettre que le présent seul existe, tandis que le passé et l'avenir n'existent pas, il est plus vraisemblable au contraire de reconnaître que c'est le présent qui n'existe pas, tandis que l'avenir et le passé ne sont qu'une même chose existante de toute éternité ; et que le présent, sans existence réelle et sans durée, chemine sans cesse à travers cette éternité sans rien créer et rien détruire, mais appelant seulement à l'état de visibilité, pendant et après son passage, ce que l'avenir cache de toute éternité, en son obscurité, à l'état latent et en puissance.

Le présent chemine à travers l'Éternité comme l'aiguille d'une horloge qui cheminerait sur un cadran infini, et qui montrerait sur ce cadran tous les points successifs qu'elle parcourt et les ferait tomber du futur au passé, sans avoir jamais été le présent. C'est encore ainsi qu'un voyageur cheminant sur une route voit passer devant lui les plaines, les vallons et les montagnes, sans que rien s'y crée ou se détruise à son passage.

A mesure qu'il s'avance tout apparaît successivement à ses yeux pour disparaître peu à peu derrière lui.

Et si nous cherchons, en effet, à reconnaître en nous la perception du présent, nous ne constatons rien dans nos sensations que le souvenir des choses accomplies, c'est-à-dire déjà passées, quelque court et rapproché que soit ce passé.

Ces impressions s'effacent peu à peu en proportion du temps écoulé à partir de leur apparition, mais par une progression insensible et sans changer de nature, comme le paysage qu'aperçoit le voyageur qui regarde par le fond d'une voiture le chemin qui s'éloigne, et qu'il ne peut apercevoir qu'à mesure qu'il le franchit. Le chemin sur lequel il s'avance existe aussi déjà tout formé en avant de la voiture, comme il existe également à l'arrière; mais, tandis que tout voyageur aperçoit par le fond de la voiture le chemin déjà parcouru et qui s'éloigne, le chemin placé en avant, vers lequel on s'avance, ne serait aperçu que par des voyants tournés vers l'avenir.

Dans cette conception de l'univers, toutes les choses ont existé et existeront à tout jamais à l'état de puissance et d'idée ou d'idéal au sein de l'éternelle et immuable Intelligence; mais à travers cette immensité immobile s'avancent, d'un mouvement continu, le présent indéfinissable et son apparente réalité qui donne comme une apparition subite du tableau incessamment mobile des choses qu'il éclaire, anime et réalise par son intersection.

Ce présent ressemble au rayon électrique d'un phare qui se projette en tournant dans l'immense obscurité et en fait apparaître successivement toutes les parties sans les créer. Mais ce présent qui chemine ainsi à travers le temps infini, quelle est la force et quel est le motif qui le poussent et le font marcher ?

Si donc le présent n'est rien et si tout existe à la fois depuis toujours et à jamais dans une immuable éternité où se confondent identiques l'avenir et le passé, tout devient fatal et nécessaire, car rien ne se forme et rien ne se crée puisque tout préexiste. Et dans l'incessante évolution de l'univers, ce ne sont pas les choses qui se transforment et qui changent, mais c'est seulement le point éclairé et incessamment mobile par lequel passe le présent. Par une conséquence rigoureuse, il faudrait donc renoncer non seulement à toute notion de liberté, mais encore à toute notion de cause, puisque tout est simultané dans l'éternité de l'existence, puisque rien ne naît et ne se crée, et qu'il n'y a de successif et de mobile que l'apparence.

L'apparence nouvelle du phénomène nouveau n'est pas l'effet ni la conséquence du phénomène précédent et elle n'apparaît après lui, quoiqu'elle lui soit coexistante, que parce qu'elle n'est touchée qu'après lui par le présent.

Plus on creuse en effet l'idée de cause, plus on la voit se réduire à celle de coexistence. Le triangle a-t-il trois angles parce qu'il a trois côtés, ou bien a-t-il trois côtés parce qu'il a trois angles ? Le cercle a-t-il une courbure partout identique parce qu'il a un centre et des rayons égaux, ou bien a-t-il des rayons égaux et un centre, parce que sa courbure est partout identique à elle-même ?

La parabole a-t-elle des X égaux aux carrés de ses Y parce que tous ses points sont également distants d'une ligne droite et d'un foyer, ou bien parce qu'elle est l'intersection d'un cône et d'un plan parallèle à sa génératrice ; ou bien est-ce parce que ses X sont égaux aux carrés de ses Y qu'elle possède ses autres propriétés ?

La matière est-elle pesante parce qu'il y a de l'attraction, ou bien y a-t-il de l'attraction parce qu'il y a de la matière pesante ? Y a-t-il des grains de blé parce qu'il y a une plante nommée froment, ou bien y a-t-il du froment parce qu'il y a des grains de blé ?

Y a-t-il au monde de l'amour et de la souffrance parce qu'il y a des Êtres aimants et souffrants, ou bien y a-t-il des Êtres aimants et souffrants parce qu'il y a au monde de l'amour et de la souffrance ?

L'esprit est-il intelligent parce qu'il pense, ou bien pense-t-il parce qu'il est intelligent ?

Tout ce que renferme le présent n'est pas plus nécessité par ce qu'il a montré dans le passé que par ce qu'il se prépare à montrer dans l'avenir.

Cette coexistence inflexible et simultanée de toutes choses est consacrée de toute éternité dans les croyances du genre humain, aussi bien par celles à la prescience divine que par celles à la fatalité antique ou musulmane et par celles au déterminisme des doctrines modernes.

L'illusion de la liberté humaine et son évidence instinctive ne servent qu'à démontrer une fois de plus la fausseté et le néant de ce qu'on nomme l'évidence ; elle n'est qu'une illusion semblable à toutes les illusions des sens, comme celles de l'optique ou du toucher que redresse un examen plus attentif et plus exact.

C'est une illusion comme celle qui fait croire que la fumée légère flotte dans le ciel au gré du hasard, et que le vent souffle où il veut, ou bien que l'écume des grèves rejaillit au caprice des vagues ; tandis que malgré leur apparente liberté, il faut bien admettre que le moindre atome d'écume, de vent ou de fumée, flotte et se meut d'un mouvement inexorable, aussi nécessaire et aussi prédestiné depuis toute éternité que celui des étoiles et des nébuleuses.

Si donc tout est également et rigoureusement nécessaire, si tout existe et préexiste à la fois immobile et invariable, le mystère est de savoir quelle peut-être la cause inconnue qui fait marcher le présent mobile à travers l'immobile Éternité, pour faire apparaître sans cesse et sans trève, sous des aspects éphémères et toujours changeants, les choses immuables.

C'est cette marche inexpliquée du présent à travers l'Éternité qui fait concorder la continuelle variabilité des aspects et la mobilité des formes avec l'absolue fixité des choses.

CHAPITRE IX

Des Apparences de l'Univers. — Des Phénomènes cosmiques.

Malgré notre croyance instintive à l'éternité de l'univers, le tableau qu'il présente à notre observation ne confirme pas et ne prouve pas cette éternité.

Non seulement ce tableau est perpétuellement changeant et mobile, mais encore rien n'indique en ce tableau que ces phéno-mènes mobiles ont commencé de toute éternité et qu'ils doivent de même durer sans fin ni terme.

Tout au contraire, les phénomènes cosmiques que l'univers nous présente ont tous les apparences d'une origine récente et d'une fin prochaine. Aucun d'eux ne semble terminé, et, dans leur évolution visiblement inachevée, on ne trouve nulle part, comme on aurait pu s'y attendre dans un monde éternel, les si-gnes d'un état définitif ou de ce qu'on nomme en physique un état de régime.

Bien au contraire, toutes les forces contenues dans la matière rayonnent sans cesse dans l'immensité sous forme de chaleur, d'affinité, de lumière ou d'électricité ; et ce rayonnement, qui évidemment doit s'épuiser bientôt, ne peut avoir commencé de-puis l'Éternité, puisquil n'est pas encore terminé. Tout indique en lui un commencement récent et tout démontre qu'il doit bien-tôt finir.

Quant à ces énergies qui se dispersent continuellement à tra-vers les espaces célestes, elles laisseront bientôt la matière qu'elles auront quittée absolument inerte, et ne gardant plus d'autre propriété que celle de l'inertie et peut-être encore, comme puissance dernière, celle de la gravité, car cette force semble être la seule qui ne s'épuise pas en s'exerçant. Il est encore possible d'imaginer, quand on se souvient qu'il n'y a probablement pas de distinction réelle entre ce qu'on nomme la matière et les énergies ou les fluides qui se manifestent par elle, et que l'atome n'est en définitive qu'un centre de force, il est encore possible d'imaginer que les énergies lancées dans l'espace infini, parvenues à un certain degré de dispersion et de raréfaction. reprennent la forme matérielle qui les contenait avant leur émission et se transforment alors de nouveau en atomes matériels.

Ces atomes matériels ainsi disséminés dans l'espace et soumis de nouveau à la force de la gravitation, seraient ramenés par elle en des centres d'accumulation où leur rencontre et leur choc, résultat des vitesses énormes de leurs mouvements de concentration, régénèreraient des foyers de coaleur, de lumière et d'énergie, et reconstitueraient ainsi de nouveaux univers avec les forces émises par les univers disparus et renaissant ainsi d'eux-mêmes sans fin et sans terme. Il serait naturel que cette concentration des atomes dispersés se fît autour des épaves inertes des anciens univers, et ces épaves, retrouvant ainsi leur ancienne incandescence, redeviendraient alors les centres des univers nouveaux, en reprenant aux espaces célestes les énergies et les forces qu'ils leur ont jadis abandonnées.

Il y aurait là comme une sorte d'oscillation ou de pulsation périodique des univers, et un renouvellement indéfini de phénomènes tantôt épuisés et tantôt renaissants par les mêmes énergies.

Cette conception satisfait à cet axiome généralement admis que rien ne se perd dans la nature et que toutes les forces y persistent en quantité toujours identique et toujours équivalente.

Ces considérations ne sont, il est vrai. qu'un jeu d'esprit et n'ont qu'un caractère d'hypothèse ; mais tel est le cas de toute cosmogonie. Ce système a du moins un avantage sur la plupart de ceux proposés jusqu'à ce jour par Kant, Laplace et autres. et qui tous ont le défaut grave de supposer un état chaotique initial et régulier dont l'existence première ne s'explique pas et n'est qu'une imagination invraisemblable. Il n'y a pas, en effet, dans un univers éternel de moment initial qui soit différent du moment actuel ; de même qu'il n'y a dans un espace infini aucun point qui puisse en être considéré comme le centre ou comme la limite.

Sans insister sur l'hypothèse cosmogonique qui vient d'être énoncée, on peut conclure, des apparences de l'univers, que cet univers est d'origine récente et que ces phénomènes doivent avoir une fin prochaine, pour aboutir ensuite et bientôt à un état de régime définitif. La durée de l'univers ne serait alors qu'un instant limité de l'éternelle durée.

Telle devrait être notre conclusion si l'univers était limité dans son étendue et ne dépassait pas les bornes accessibles à notre observation.

Mais s'il faut croire au contraire que son étendue est infinie dans l'espace illimité, il n'est plus permis de rien conclure des phénomènes constatés dans le champ limité qui nous est accessible. Ce n'est plus alors l'univers dans son ensemble qui se présente à notre étude et à notre observation, mais seulement une imperceptible fraction de cet univers. Ce ne serait donc plus l'univers entier qui présenterait les caractères susmentionnés d'une évolution encore inachevée et devant bientôt finir ; et cette évolution à courte échéance ne serait plus que celle d'un partiel épisode des phénomènes généraux de l'infini. Cet épisode, perdant alors toute importance et toute signification, ne serait que la suite et la transformation d'épisodes précédents ; et son évolution ne s'épuiserait que pour se continuer en d'autres épisodes et d'autres évolutions toujours renouvelées, provenant des actions toujours inépuisées, impossibles à définir et à prévoir, venant du fond de l'infini. On doit, en effet, concevoir que si la matière est en quantité inépuisable, il doit en résulter une succession également inépuisable de phénomènes et de transformations toujours renouvelées.

On doit donc conclure de ce qui précède que la durée de l'univers ne doit être considérée comme limitée que dans le cas où il serait également limité dans son étendue ; mais que si au contraire cet univers est infini dans sa grandeur, il l'est également aussi dans son éternité. L'état instable et transitoire des phénomènes cosmiques n'est plus un argument contre cette durée, car si la matière est en masse infinie, elle contient en elle l'élément et l'étoffe d'une succession également infinie d'épisodes, de transformations et de phénomènes toujours renaissants et jamais terminés.

S'il faut croire à cette infinité, l'univers, quoique composé de grandeurs finies qui forment par leur ensemble l'ordre fini de ces grandeurs, diffère cependant radicalement, dans sa totalité, de cet ordre fini, par l'accumulation infinie de ses parties, et s'élève, par cette accumulation dans son ensemble total, à l'ordre supérieur des infinis. Il n'est donc ni analogue ni homogène ni comparable aux éléments finis qui le composent ; il n'en diffère pas seulement par une accumulation sans importance de quantités, mais il n'est plus de même ordre et de même nature, et il reçoit de l'infinité de cette accumulation le caractère suprême et l'essence absolue de la Divinité.

De même quand on puise quelques gouttes d'eau dans l'Océan, on n'a dans sa main qu'un peu d'eau inerte et sans force ; mais dès qu'on la laisse retomber dans la mer, cette eau redevient aussitôt une portion intégrante de l'infinité des molécules de l'Océan immense, qui est d'ordre supérieur et de dignité plus haute.

Si donc l'univers est de nature infinie, nous ne pouvons plus ne voir en lui que la somme ou le total des choses finies qui le composent, mais nous nous trouvons devant l'absolu, l'éternel et l'infini, et n'avons plus à chercher l'Être suprême en dehors de de cet univers lui-même.

On peut dire, en thèse générale, que tout ordre de grandeurs est supérieur à ces grandeurs en son essence, puisque par l'accumulation infinie de ses éléments et par cette accumulation même, il s'élève d'un degré dans l'échelle des ordres successifs et surpasse ainsi, par son total, l'ensemble de ses parties. Il devient ainsi, en son total, une unité d'un ordre supérieur.

CHAPITRE X

___

De l'Existence.

Nos investigations ont eu jusqu'a présent pour objet les propriétés des choses, leurs lois et leurs manières d'être, plutôt que leur existence même et leur essence intime.

Il est hors de doute que cette essence intime et cette existence sont plus inaccessibles à notre conception et plus incompréhensibles encore que les propriétés, les lois et les manières d'être qui sont plus ou moins accessibles à l'observation et aux perceptions des sens. L'esprit est ainsi fait qu'il peut raisonner à perte de vue sur les propriétés des choses, sans avoir aucune compréhension de ces choses elles-mêmes. On peut calculer exactement et mesurer minutieusement les rapports, les propriétés, les dimensions des temps, des grandeurs et des forces, on peut les évaluer rigoureusement en centièmes de seconde, en millimètres et en milligrammes, sans avoir du reste la moindre compréhension de ce que c'est que le temps, l'espace et la force.

Essayerons-nous cependant de continuer nos recherches en abordant cette insoluble question de l'essence ou plutôt de l'existence même des choses ?

Faut-il nécessairement associer cette conception d'existence propre à celle d'une substance matérielle, ou bien peut-elle aussi s'allier à celle des choses immatérielles et d'essence idéale, ou même à celle de simples phénomènes ?

La conception de la substance matérielle, qui semble au premier abord se distinguer de toute autre substance, se réduit à la conception de l'atome. Or celui-ci qui fut longtemps conçu comme un solide insécable et rigide, de dimensions déterminées et réelles, est maintenant plutôt considéré comme un centre d'actions et d'énergies de la force universelle, centre sans dimension et sans étendue.

Cette hypothèse paraît en effet moins invraisemblable que celle d'un solide suspendu dans l'espace, hypothèse dépourvue de toute probabilité.

L'atome semble alors être non plus une substance matérielle, mais seulement un phénomène produit par la manifestation de forces extérieures. Il ne décèle en effet jamais son existence que par une manifestation de la force universelle qui remplit l'immensité sous des formes diverses, et il semble, par conséquent, de nature identique avec elle.

Il est donc moins improbable de croire qu'il n'est qu'un effet de ses forces plutôt que de supposer qu'il les contient dans son intérieur comme dans une boîte dans laquelle se trouveraient emmagasinées les innombrables énergies capables de produire un jour tous les phénomènes possibles matériels ou même intellectuels qui seront occasionnés par cet atome. Cet emboîtement des forces semblerait encore moins vraisemblable que l'emboîtement des germes quelquefois admis en physiologie.

Il paraît bien plus probable que ces forces, qui agissent sur l'atome et par l'atome, lui sont extérieures.

Si donc l'atome n'est qu'un phénomène dont la permanence semble, il est vrai, incontestable depuis la période accessible à nos observations, s'il n'est qu'une manifestation de force et une manière d'être, il ne se distingue plus bien clairement de tous les autres phénomènes de l'univers.

Quant à ces phénomènes eux-mêmes, il est difficile d'en distinguer l'existence et la nature de celles de leur simple conception.

Si un corps se meut dans l'espace, son existence propre n'est-elle pas indépendante de son mouvement; et ce mouvement qui semble être un phénomène, a-t-il cependant une autre existence que celle de la conception que s'en forme l'observateur?

Il est en effet impossible de savoir si un corps se meut ou s'il est immobile, et si son mouvement apparent ne résulte pas simplement du mouvement des corps qui l'entourent.

Parmi les divers objets qui coexistent dans l'espace, le nombre et la figure formés par leur groupement existent-ils ailleurs que dans la conception qui réunit arbitrairement une certaine quantité de ces objets en un groupe distinct, comme on a groupé les étoiles en des constellations artificielles ? Ce nombre et cette figure sont-ils des êtres, des phénomènes ou des conceptions ?

Si deux lignes forment une croix, n'ont-elles pas chacune leur existence parfaitement indépendante de cette croix, et celle-ci est-elle un phénomène ou bien simplement une apparence ou une conception ?

Enfin, si parmi les divers points répandus sur un plan ou dans l'espace, trois d'entre eux, choisis arbitrairement et en pensée, forment un triangle, ce triangle et toutes ses propriétés ont-ils une existence réelle en dehors de l'esprit qui les conçoit ?

Ce triangle est-il un être réel, ou bien un phénomène transitoire, ou bien seulement une conception ?

De même les constellations de la carte du ciel ne sont-elles pas aussi de simples conceptions sans aucune réalité ? Les étoiles groupées artificiellement en ces constellations n'ont entre elles aucun lien réel ; elles appartiennent aux parties du ciel les plus éloignées les unes des autres et ne sont réunies que par le hasard du point de vue d'où on les regarde.

Enfin les lois générales qui gouvernent les forces, les grandeurs, les substances et les phénomènes, ont-elles une existence indépendante et réelle ou ne sont-elles que des abstractions ? La loi de la gravitation en raison inverse du carré des distances, celle du carré de l'hypothénuse ou celle qui dit simplement que deux et deux font quatre, ont-elles une existence propre ou ne sont-elles que des généralisations de faits observés ?

L'attraction en raison inverse du carré des distances n'est-elle, comme il vient d'être, dit qu'une généralisation de faits observés ou bien contient-elle en elle-même un force inflexible qui contraint les corps graves à s'attirer suivant sa règle inexorable ?

Quand on dit que les trois angles d'un triangle sont égaux à deux droits, ne fait-on qu'énoncer une remarque réitérée, ou bien proclame-t-on au contraire une rigide nécessité et une inévitable loi ?

Il semble, à dire le vrai, que les conceptions de ces choses diverses, substances, phénomènes et abstractions, qui paraissent être d'ordres différents, se fondent les unes dans les autres, sans caractères distinctifs clairement compréhensibles.

Malgré son impuissance à discerner ces divers ordres d'existence, l'esprit ne s'est pas cependant laissé arrêter dans ses tentatives de compréhension et, dans ses tentatives, il a suivi tour à tour deux tendances opposées : la tendance matérialiste et la tendance spiritualiste.

Il lui a semblé, en effet, parfois. que l'univers est formé de matière et d'atomes ; mais, d'autre part, il ne lui a pas moins semblé qu'il est rempli de phénomènes immatériels, de forces infinies, de lois éternelles, d'intelligence et d'amour.

L'hypothèse matérialiste admet que ces choses immatérielles sont le produit des atomes matériels et de leurs combinaisons.

L'hypothèse spiritualiste suppose au contraire que la matière et l'atome ne sont que des apparences, et sont le produit de lois et de forces qui leur sont extérieures, et que tout l'univers matériel n'est que la manifestation d'une force et d'une intelligence préexistantes.

Ces deux systèmes, qui ne sont, en définitive, l'un et l'autre, que de pures hypothèses, sont du reste également incompréhensibles et aboutissent tous deux au même problème, celui du lien qui souderait ensemble ces deux principes hétérogènes : le matériel et l'immatériel, la matière et l'esprit.

Comment concevoir, dans l'hypothèse matérialiste, que l'atome simple, élémentaire, puisse produire, en s'accumulant, autre chose que des atomes et qu'il puisse donner naissance à l'Intelligence suprême ? Comment l'esprit peut-il sortir de la matière dont l'essence parait être d'un ordre absolument incompatible, et comment cette matière peut-elle produire ce qu'elle semble ne pas contenir ?

On croirait qu'en accumulant des milligrammes, on ne pût produire que des poids, qu'en accumulant des millimètres, on ne pût faire que des distances et de l'étendue, et qu'en accumulant des gouttes d'eau, on ne pût faire que des océans, c'est-à-dire des accumulations de nature identique et non des choses d'essence supérieure.

D'autre part, dans l'hypothèse spiritualiste, comment concevoir que l'intelligence et l'esprit puissent à leur tour parler à l'atome, lui commander et le mouvoir ?

Il semble que l'atome inerte et que la matière stupide ne puissent obéir qu'à des forces matérielles d'essence identique à eux-mêmes, et non à des forces d'essence intellectuelle. Toute force,

en effet, ou plutôt toute action est un lien qui ne peut exister
qu'entre choses de nature semblable et compatible, et toute
action suppose une mutualité.

Si le soleil attire la terre, il est attiré par elle d'une force
absolument égale et de même nature ; si l'aimant attire le fer,
il est également attiré par lui d'un effort identique ; si mon
corps est attiré par l'étoile, il l'attire également d'une même
intensité ; mais mon esprit ne saurait l'attirer parce qu'il est
lui-même impondérable. S'il est au contraire attiré par l'amour
et convaincu par la raison, c'est qu'il n'est lui-même que raison
et qu'amour.

Mais la raison, l'amour et la volonté, comment peuvent-ils
mouvoir un seul grain de sable, dans lequel il n'est guère possible de supposer ni amour, ni intelligence, ni volonté? Et cependant il est incontestable que cet amour, cette intelligence et
cette volonté remuent le monde.

Quoi qu'il en soit, quelque inconcevable que soit cette union
entre choses incompatibles, elle n'en est pas moins incontestable
et nécessaire. Nécessaire, en effet, car quelque absolu que soit
le spiritualisme, et quelque subordonnée que la matière soit à
l'esprit, il faut bien reconnaître pourtant que cette matière
semble exister et même constituer l'ossature solide de l'Univers.

De même qu'aucune pensée, aucun poème, ne peuvent se réaliser et se manifester sans des paroles, des mots ou des signes
matériels, de même l'Idée ou l'Intelligence suprême ne peut
se manifester en action, ni passer de l'état d'idée et de puissance à l'état d'action, qu'en faisant agir et mouvoir des atomes
matériels.

Le Matériel semble donc aussi nécessaire à l'existence des
choses que l'Immatériel ; et le grand mystère est dans leur
union, soit qu'on veuille monter de la matière à l'esprit, soit
qu'on veuille descendre de l'esprit à la matière.

Pour ce cas particulier, comme pour tous les autres, il faut se
résoudre à abandonner toute conception de cause et se borner à
constater les relations de concordance et de simultanéité.

Sans vouloir creuser l'idée de cause et sans vouloir expliquer
comment les choses immatérielles peuvent résulter de la matière, il suffira de constater que, lorsque des atomes matériels
s'assemblent, il sort aussitôt, si non d'eux-mêmes, mais de leur
assemblage, des choses et des propriétés nouvelles, inconnues
à ces atomes.

De deux lignes il résulte un angle ; de trois lignes il résulte
un triangle, et de quelques points géométriques résultent toutes
les propriétés et les formules de la géométrie.

———

CHAPITRE XI

De l'Existence matérielle et de l'Existence idéale.

Ici d'ailleurs s'impose cette question préalable qui a déjà traversé nos méditations :

Toutes ces choses, sans exception, révélées par la pensée, substances ou phénomènes immatériels, ont-elles vraiment une existence quelconque en dehors de cette pensée, ou n'en sont-elles que la création ?

Il ne semble pas qu'on puisse démontrer rigoureusement ce qu'il en est, et prouver que les objets conçus par la pensée existent réellement et ne sont pas de simples rêves.

Nous avons, il est vrai, admis plus haut que la pensée était une conséquence et une transformation des phénomènes de perception, qui sont eux-mêmes la conséquence des phénomènes extérieurs causés par le contact du moi avec le non moi.

S'il en est vraiment ainsi, et si la pensée n'est qu'une conséquence, il faudrait bien admettre qu'elle est la conséquence de quelque chose et reconnaître la réalité de ce qui a produit cette conséquence, c'est-à-dire des objets extérieurs.

Mais, d'autre part, il faut se souvenir que cette opinion sur la cause première de la pensée n'est qu'une hypothèse et la question fondamentale est de savoir si c'est la pensée qui est la conséquence et l'effet des objets extérieurs, ou bien si ce sont ces objets qui sont la création de la pensée et s'ils n'ont pas d'existence réelle en dehors de leur conception idéale. Nous répèterons donc ici ce que nons avons dit au chapitre II, c'est que la pensée est la seule chose qui aboutisse directement au moi, et qu'étant perçue par lui sans hypothèse et sans intermédiaire, elle existe seule incontestable. C'est en elle que se réduit tout ce qu'il y a pour nous en ce monde de certitude ou d'apparence de certitude.

Que connaissons nous en effet en dehors d'elle ? Absolument rien.

Quant au moi lui-même, est-il distinct de la pensée et constitue-t-il un être à part et persistant dont le rôle serait de servir de réceptacle à cette transformation dernière des phénomènes extérieurs que ce moi constate et enregistre ? Ou bien, ce moi n'est-il autre chose que cette forme dernière de la pensée elle-même, phénoménale comme elle, et dans laquelle la pensée se transforme et se résume en phénomènes ultimes de conscience, de mémoire et de volonté ?

C'est là une question qui semble insoluble, car le moi, comme tout le reste, est inconcevable et incompréhensible à lui-même.

En l'absence de toute démonstration rigoureuse, ce ne sera que par une sorte d'instinct de sens commun que nous admettrons gratuitement peut-être, que les objets de l'univers ne sont pas l'apparence d'un vain songe, mais qu'ils ont vraiment une existence réelle indépendante de leur conception. Mais nous répèterons encore que si nous voulons bien leur accorder cette existence par une sorte de Postulatum, ce sera sans oublier que si la pensée et les phénomènes extérieurs sont en intime corrélation, il n'existe pourtant entre eux aucune espèce d'identité, mais seulement des rapports de concordance nécessaire et de transformation.

Si donc nous avons bien voulu admettre par un Postulatum bénévole que les objets extérieurs existent, notre affirmation n'ira pas plus loin que la probabilité même de cette existence et elle se refusera à toute conclusion sur la nature absolument inconnue de ces objets.

Quant à leur existence indépendante et réelle, la principale raison qui puisse nous la faire admettre et nous confirmer ainsi la probabilité du Postulatum que nous avons admis à leur sujet, c'est la grandeur et la sublimité du spectacle de l'univers.

Cette grandeur et cette sublimité semblent trop supérieures à 'a chétive intelligence humaine pour qu'il soit probable de 1. poser qu'elles sont créées pour elle. Il n'y a cependant là sup.   sensation et qu'une apparence, ce qui ne constitue qu'un qu'une   re de probabilité.
faible gat

Cette grandeur et cette sublimité semblent surtout apparaître dans les lois suprêmes qui gouvernent le monde et qui resplendissent dans le domaine des mathématiques. Ces lois et ces vérités semblent posséder en effet le caractère de l'Éternel, de l'Immuable, du Nécessaire et de l'Absolu, et paraissent indépendantes de l'existence même de la raison humaine qui les constate et les découvre mais ne les invente pas. Et, en effet, ces lois n'existaient-elles pas déjà de toute éternité avant l'apparition de la race humaine et de ses conceptions, et même avant la naissance de notre planète ?

Loin d'avoir pu les créer, la raison ne conçoit laborieusement que quelques-unes de ces lois et de leurs propriétés ; mais leur ensemble lui restera toujours inconnu, comme lui sont inconnues toutes les lois et toutes les vérités, toutes les formules et toutes les courbes, en nombre infini, qu'elle n'a pas encore découvertes ou qu'elle ne découvrira jamais, mais qui n'en existeront pas moins. Ces vérités et ces lois ne seront à jamais connues que de l'Intelligence suprême et elles semblent avoir leur existence éternelle, indépendante, non seulement de celle de l'éphémére intelligence qui pourrait les concevoir un moment, mais aussi de l'existence des phénomènes qui ont pu un moment les manifester.

Que cette intelligence subsiste ou qu'elle soit anéantie un jour avec tous les êtres vivants et avec tous les univers matériels, les trois angles d'un triangle n'en seront pas moins toujours égaux à deux droits, la circonférence toujours égale à : $2 \pi R$, et la surface du triangle égale à :

$$\frac{1}{2} A \times B \times \text{sinus } c.$$

CHAPITRE XII

De la Concordance des Ordres divers.

Ces lois et ces vérités qui appartiennent d'abord au monde absolument abstrait de l'intelligence et des mathématiques, se réflètent également dans celui, idéal aussi, mais peut-être déjà secondaire, des figures de l'espace et de la géométrie. Mais sous ces apparences parallèles, elles ne sont, les unes et les autres, que le reflet et la manifestation de l'idée pure préexistante et des choses idéales qui ne sont ni dans la géométrie ni dans l'algèbre et se révèlent, seulement et à la fois, par l'une et par l'autre, de même qu'un même objet est reconnu par nous tantôt par la vue et tantôt par le toucher, en des perceptions concordantes.

Etant donnée par exemple l'idée simple de l'égalité constante de deux choses variables, il en résultera en mathématiques les formules simples :

$$X = Y, \frac{X}{Y} = 1, X - Y = 0,$$

et il résultera en géométrie des figures diverses, soit une droite, soit une parabole, soit une hyperbole, suivant le mode d'interprétation ou le système de coordonées qu'on voudra choisir.

L'idée également simple du rapport constant de deux variables, ou celle de leur somme ou de leur différence constantes, s'exprimeront également en mathématiques par les formules simples de :

$$\frac{X}{Y} = A, X + Y = A, X - Y = A,$$

et se traduiront en géométrie suivant l'interprétation choisie, par une ligne droite, par un cercle, par une ellipse, une spirale, une hyperbole ou par d'autres courbes plus compliquées.

D'autre part l'idée moins simple qui produit par exemple en mathématiques la formule :

$$M = 2\,A^2\,X^2 + 2\,A^2\,Y^2 + 2\,X^2\,Y^2 - A^4 - X^4 - Y^4\,,$$

peut se traduire en géométrie, avec une interprétation convenable, par une ligne droite, c'est-à-dire par la plus simple de toutes les courbes.

Mais comme toutes les formes et toutes les formules sont soumises entre elles à des rapports intimes, nécessaires et mystérieux, que notre esprit ignore, il en résulte que la formule, la courbe ou la figure, une fois créées par la manifestation d'une idée première, engendrent à leur tour, sous forme de conséquences forcées, des formules ou des figures douées de lois et de propriétés nouvelles de plus en plus compliquées et absolument imprévues et inattendues, que l'esprit doit accepter souvent même sans les comprendre.

Rien n'est plus admirable que de contempler cette concordance ou ce parallélisme absolu de tout phénomène sensible de l'espace et des phénomèmes abstraits des mathématiques et des nombres, concordance et parallélisme d'où il résulte que toute forme, toute figure et toute courbe, quelles qu'elles soient, correspondent à des formules, et toutes les formules, quelles qu'elles soient et quelles qu'on puisse les imaginer, se traduisent en des figures. Et les dérivations et développements de ces formules et de ces figures se poursuivent partout et toujours parallèlement dans tous leurs détails et dans toutes leurs conséquences.

Il est cependant intéressant de remarquer que quand les résultats des formules aboutissent aux quantités dites imaginaires ou bien aux quantités infiniment grandes ou infiniment petites des ordres de grandeurs hétérogènes aux nôtres, on voit aussitôt disparaître toute manifestation correspondante de lignes, de courbes ou de grandeurs quelconques accessibles aux sens. Il semble bien indubitable que le parallélisme des formules et des grandeurs se poursuit encore dans ce cas comme dans les autres, et qu'il cesse simplement d'être accessible à notre intelligence et à nos sens.

A dire le vrai, le parallélisme entre les nombres et les figures n'est bien clair pour notre esprit que pour les trois premières puissances des nombres, lesquelles correspondent aux trois dimensions de l'espace. Rien ne limite dans le monde idéal des nombres l'échelle et la complication de leurs combinaisons, tandis que dans le monde réel on ne voit pas que ces combinaisons s'élèvent au-delà de celles des trois dimensions de l'espace ; et c'est en vain qu'on cherche une expression ou une représentation parallèle à la quatrième, à la cinquième et aux autres puissances des nombres.

Il faut en conclure que le monde visible, accessible aux sens, est moins étendu que le monde des mathématiques et des nombres, qui n'est accessible qu'à l'intelligence.

Ce monde géométrique de l'espace n'est donc qu'un cas particulier du monde idéal.

Il se réalise en mettant des valeurs numériques arbitraires dans la formule générale des univers possibles, dans lesquels se manifestent en leur infinité les lois et les vérités abstraites qui ne sont visibles qu'en partie seulement dans l'univers réel.

CHAPITRE XIII

Du Monde idéal.

Nous avons constaté que les vérités et les lois idéales qui gouvernent les univers ont probablement une existence indépendante de la pensée qui les conçoit, et qu'elles ne sont pas contenues en entier dans cette pensée. D'autre part, il est évident qu'elles sont encore moins contenues dans le monde matériel dans lequel n'ont jamais existé ni ces choses idéales, ni même un nombre, ni une ligne, ni une surface, ni une figure géométrique.

Ces choses idéales ne peuvent comme Jéhovah apparaître, en effet, en aucune image peinte ou taillée ; et les représentations qu'on essaie d'en faire par de grossières accumulations de matière, n'en sont que des imitations informes.

Si donc ces choses ne sont renfermées ni dans la pensée, ni dans le monde matériel, et si cependant elles existent, il faut bien que ce soit dans un monde idéal et distinct. Ce monde idéal, qui se compose de toutes les vérités, de toutes les lois, de tous les êtres immatériels, contient en lui, comme on vient de le dire, les formules éternelles de toutes les choses et de tous les univers possibles ; tandis que les univers réels déjà détruits ou encore à naître, n'ont été et n'en seront que des cas particuliers et des manifestations éphémères. Les êtres immatériels qui composent cet univers idéal, semblent, il est vrai, quelquefois se confondre avec leurs conceptions et se réduire à des abstractions de la pensée ; mais leur grandeur et leur sublimité nous ont empêché, comme on l'a vu plus haut, d'admettre cette hypothèse, possible cependant.

Nous avons admis au contraire que loin de n'être que des généralisations de faits observés, des attractions et de pures conceptions, les grandes lois de la nature ont en elles une puissance absolue et réelle qui commande aux phénomènes et qui les force et forcera à jamais à se recommencer suivant les mêmes règles, en tout temps et en tout lieu.

Ces lois ne peuvent, comme on l'a vu, n'être que des conceptions, puisqu'elles continueront à subsister après la destruction de tous les êtres pensants et de toutes les conceptions, de même qu'elles subsisteront inaltérées après la destruction de tous les phénomèmes et de tous les univers. C'est donc dans ces lois suprêmes et en leur irrésistible puissance qu'il faut chercher la cause de l'univers visible, qui n'en est que l'esclave et le produit.

Quand les astres du firmament seront éteints, qu'il ne restera plus dans leur espace obscur aucun être vivant, et quand il ne subsistera plus absolument rien de tout ce qui fut, il en restera ces lois qui les ont gouvernés et qui gouverneront de même les univers et les phénomènes qui leur succèderont.

Il faut donc admettre qu'au dessus des choses éphéméres subsistent deux principes : l'un qui commande et qui est la loi, et l'autre qui exécute et qui est la force.

Le premier, éternel, immuable, nécessaire et absolu, toujours identique et invariable en sa puissance infinie, et l'autre qui lui obéit et le manifeste sans fin et sans terme en des apparences toujours diverses et renouvelées.

Ici se présente à l'esprit le problème de savoir en quoi consiste la différence de l'existence de ces choses momentanément apparues dans le présent et que réalise le phénomène, et de celle des choses possibles éternellement contenues en puissance au sein du monde idéal où leurs formules préexistent de toute éternité.

Lorsqu'une chose existe par sa formule et par ses lois, ne possède-t-elle pas dès lors l'existence essentielle et véritable ? Et ne semble-t-il pas que ce ne soit plus pour elle qu'une circonstance accesoire et fortuite d'apparaître un instant à la réalité visible, au lieu de rester au nombre infini des choses qui ne subsistent qu'en puissance et en possibilité.

Si je trace une courbe sur un tableau, en quoi cette courbe, qui n'est d'ailleurs qu'une imitation grossière, est-elle plus réelle que les courbes en nombre infini que recèle l'espace ?

Si j'écris une formule sur ce tableau, en quoi diffère-t-elle de toutes celles qui résultent, invisibles et latentes, des infinies combinaisons des nombres ?

Cette insignifiance de la distinction entre l'existence en puisssance et en possibilité et l'existence en réalité, se retrouve dans les choses matérielles, aussi bien que dans les choses idéales. Il suffit, en effet, de considérer par exemple un bloc de marbre, pour reconnaître que toutes les statues passées, présentes et futures, existent dans ce bloc et qu'elles existent, non pas même comme tous les tableaux existent dans une boîte de couleurs, ou tous les poèmes dans une bouteille d'encre, à la condition pour ces couleurs et pour cette encre d'être mises en œuvre, mais elles y existent réellement déjà toutes formées.

Pour faire sortir, en effet, de ce bloc, la Vénus de Milo ou le Moïse de Michel Ange, il n'est besoin de toucher à aucune des molécules de ces statues préexistantes, et il suffit d'enlever les molécules superflues qui les recouvrent et qui les cachent.

Après avoir été ainsi découvertes, ces statues devenues visibles, n'ont cependant acquis aucune réalité nouvelle et supérieure à celle qu'elles possédaient déjà dans le bloc non dégrossi, de même qu'un objet couvert d'un voile n'acquiert pas une existence plus réelle lorsque le voile est enlevé.

De même aussi tous les objets éclairés par la lumière, n'ont pas une existence moins réelle quand cette lumière s'éteint et qu'ils restent plongés dans l'obscurité.

En résumé les réflexions qui précèdent nous ont donc amenés à conclure, d'une part, que les objets du monde extérieur existent réellement en dehors de la pensée, et, d'autre part, que les premiers et les plus hauts de ces êtres, ceux de l'ordre le plus élevé, ceux qui gouvernent tous les autres, existent en un monde idéal aussi réel et plus réel même en son immatérialité, que le monde matériel, qui n'en est que la transitoire manifestation.

Nous avons aussi remarqué plus haut que, bien que la matière et l'atome semblent au premier abord avoir, en tant que substance, une existence plus réelle que celle des phénomènes par lesquels cette substance est manifestée, on reconnaît cependant bientôt que cette substance se confond avec les phénomènes par lesquels elle se manifeste et sans lesquels elle se réduirait à un être de raison.

La matière et l'atome ne sont, en effet, absolument plus rien quand on les dépouille de leurs propriétés, et ils ne sont, à dire vrai autre chose que l'ensemble même de ces propriétés. Nous avons donc ainsi vu disparaître toute distinction entre ces deux choses qui semblaient d'abord si distinctes : la subtance et le phénomène.

Quant au phénomène, il est impossible d'en concevoir nettement l'existence et la nature, et de le discerner toujours de la conception intellectuelle à laquelle il donne naissance.

Lorsque des atomes se meuvent les uns par rapport aux autres, ces mouvements constituent des phénomènes de translation ou de vibration, et l'assemblage de ces atomes produit des figures et des nombres qui semblent tantôt des phénomènes et tantôt des conceptions ou des abstractions. Quand un atome se meut de façon à produire quelques milliers d'oscillations par seconde, il en résulte un son ; si ces oscillations deviennent plus rapides, elles produisent de la chaleur ; plus rapides encore, elles produisent du rouge, puis du janne, puis du bleu, mais quant à ce son, cette chaleur ou ce froid, ce rouge et ce bleu, ils n'existent évidemment que par les nerfs qui les perçoivent et par la conception qui en résulte.

Quant aux phénomènes qui les ont produits et qui en sont distincts, ils semblent, dans l'état actuel des sciences, se réduire à de simples mouvements et ils ne sont pas non plus bien clairement distincts de leurs conceptions. En définitive, s'il est permis de tirer une conclusion de ce qui précède, cette conclusion sera que rien, pas plus la substance que le phénomène, n'a d'existence matérielle et que tout se résume en des manifestations momentanées et successives des forces ou plutôt des lois éternelles.

CHAPITRE XIV

De l'Immatérialité de la Matière.

Cette réduction de tout à des choses d'essence immatérielle, il est intéressant de la vérifier par d'autres considérations et par l'examen attentif des combinaisons les plus élémentaires, comme les plus compliquées de la matière.

Dès que deux atomes se combinent, on constate, en effet, que la molécule nouvelle ainsi formée n'est nullement la simple somme des atomes constituants, mais qu'elle présente au contraire des propriétés nouvelles et comme individuelles, jusque-là inconnues à ces atomes. L'eau n'est pas un mélange d'oxygène et d'hydrogène, l'ammoniaque n'est pas un mélange d'hydrogène et d'azote, mais ce sont des êtres à part dans lesquels apparaissent des propriétés absolument nouvelles, et dans lesquels ne se retrouvent plus ni l'hydrogène, ni l'azote, ni l'oxygène constituants.

Il résulte donc, de ces combinaisons d'atomes simples, des êtres distincts dont le centre d'action ne peut être contenu dans aucun des atomes composants, mais se trouve dans le vide qui les sépare. Et il faut bien remarquer, encore une fois, que l'action exercée par ce centre nouveau n'est nullement la résultante additionnelle et la somme des actions composantes, mais qu'elle est d'essence entièrement hétérogène et distincte. Ce centre d'action constitue donc une molécule indépendante qui est évidemment de nature immatérielle, puisque, comme on vient de le dire, elle réside dans le vide, qu'elle n'existe pas dans l'intérieur des atomes constituants et qu'elle a pris seulement naissance par le fait de leur rapprochement et de leur combinaison.

Ces atomes élémentaires ne constituent pas plus la molécule composée que les lettres dont on forme un mot ne constituent ce mot, et que les mots dont on forme un discours ne constituent ce discours. Et rien ne démontre mieux cette vérité que ce fait si fréquent en chimie de plusieurs substances entièrement différentes l'une de l'autre, composées cependant d'atomes identiques groupés en même nombre et en même proportion, et ne différant entre elles que par la figure et l'ordre de leur assemblage, comme par exemple les diverses benzines chlorées. Ces molécules, composées des mêmes. atomes, sont absolument différentes comme sont différents les mots composés des mêmes lettres, tels par exemple que : *pirate, patrie, parité, paître* ou *partie,* et dont chacun a son existence parfaitement distincte, indépendante de celle des lettres composantes et dépendante seulement des figures d'assemblage de ces lettres.

Si la molécule composée de deux atomes simples n'est déjà plus un être matériel, il en sera à plus forte raison de même, de toutes les combinaisons plus complexes et de tous les êtres, sans exception, auxquels cette molécule composée pourra à son tour donner naissance. Il en résulte un ensemble d'êtres apparents, toujours immatériels et d'ordres de plus en plus supérieurs. Ces êtres nouveaux et composés sont de moins en moins des substances ; ce sont seulement des phénomènes et des superpositions de phénomènes.

Cette immatérialité de toute chose, après l'avoir constatée dans la composition des simples molécules, on la constate et on la vérifie encore par l'examen et l'exemple de tous les êtres, quels qu'ils soient.

Tous ces êtres, depuis les abstractions pures, jusqu'à ceux qui semblent de nature absolument matérielle, sont confondus dans le langage en une seule et même classe de mots, celle du Substantif ou du mot par excellence d'existence et de personnification, tandis que le phénomène, l'action ou la manière d'être s'expriment par l'Adjectif et par le Verbe. Par cette désignation uniforme au moyen de substantif, le langage confirme l'assimilation que nous faisons entre tous les êtres matériels ou non, que nous ramenons tous à la pure abstraction. Cette abstraction pure, exprimée par exemple par des mots tels que : *grandeur*, *justice*, *vérité*, qui sont la généralisation de tout ce qui est grand, juste et vrai, est évidemment d'essence immatérielle. Mais cette immatérialité, on la retrouve absolument la même en toute chose sans exception.

Si nous passons, en effet, à d'autres classes de substantifs qui désignent des objets en apparence plus matériels et moins abstraits, nous verrons bientôt, en les examinant de plus près, disaparaître aussi de ces objets toute trace de matérialité. Tel est le cas des substantifs tels que : *mesure*, *intervalle*, *assemblage*, *parole*, *silence*, *gouvernement*, *république*, *ministère*, *discours*, *mélodie*, dans lesquels il est évidemment impossible de trouver autre chose que des idées et des conceptions de phénomènes.

Si, sans s'arrêter à chacun de ces mots, on examine par exemple le dernier, le mot *mélodie*, on reconnaîtra facilement que la mélodie ne consiste pas dans les sons qui lui donnent naissance, mais seulement dans leur succession et leur ordre, et même dans les silences qui les séparent ; car ces intervalles de silence sont aussi nécessaires à la mélodie que les sons eux-mêmes. La même mélodie peut, en effet, s'xprimer par des sons différents, plus hauts ou plus bas, pourvu qu'ils soient disposés dans un ordre et dans des rapports semblables. Et d'autre part, toutes les mélodies du monde sont formées des mêmes sons ; mais elles n'existent et ne se différencient que par les intervalles, les rapports et l'ordre de ces sons. Il n'y a dans la mélodie que phénomènes, sensations et conceptions immatérielles, sans parler même de l'immatérialité de ces éléments, c'est-à-dire des sons eux-mêmes qui ne sont à leur tour que des vibrations ou des mouvements sans matérialité.

Après les entités examinées ci-dessus et dont l'essence immatérielle se reconnaît du premier abord, il en est d'autres d'une apparence plus matérielle et que l'habitude fait plutôt considérer comme des substances.

Il n'en est point cependant qu'une analyse attentive ne ramène et n'assimile, comme les précédentes, à de simples abstractions.

Si en effet les mots *grandeur* et *justice* ne représentent que l'idée abstraite de tout ce qui est grand et juste, le mot *France*, par exemple, qui paraît désigner une chose matérielle, n'exprime cependant que l'idée abstraite de tout ce qui est français, et ne constitue, comme les mots *grandeur* et *justice*, qu'une abstraction toute idéale.

Il en sera encore de même des choses en apparence tout-à-fait matérielles, telles que : *ammoniaque, alcool, vague, marée, flamme, fleuve, palais, cathédrale, continent, armée, plante, arbre, ruche, fourmilière, animal.*

La molécule de l'ammoniaque et celle de l'alcool n'ont, comme on l'a déjà vu plus haut, rien de matériel, mais ne sont que des phénomènes transitoires et des êtres immatériels suscités par l'union et le rapprochement d'atomes élémentaires.

La vague et la marée n'ont rien non plus de matériel et ne sont que des mouvements et des effets de mouvements.

Il y a bien en elles des atomes, peut-être matériels, d'oxygène, d'azote et d'hydrogène ; mais ces atomes restent étrangers à l'existence et aux péripéties de la vague et de la marée. Ils ignorent ces péripéties et ces agitations.

Ils obéissent sans combat, sans trouble et sans hésitation, au jeu de leurs propriétés, et conservent leur impassibilité d'atomes, aussi bien dans les violences de l'ouragan, que dans la commotion d'un coup de tonnerre.

Continuant l'examen des exemples choisis plus haut, on reconnaîtra que l'objet que représente le nom de *flamme* n'est, pas plus que les précédents, autre chose qu'un simple phénomène. Les atomes qui lui donnent naissance, ne la traversent et n'y brillent qu'un cour instant et disparaissent incessamment dans l'atmosphère, sans avoir entre eux aucun lien commun, et sans emporter avec eux ni la flamme, ni l'éclat, ni la lumière de cette flamme, qui sont en dehors d'eux et dont ils sont distincts. Et malgré ce courant continuel de molécules successives, qui ne font que durant un court moment, partie d'un même groupe toujours renouvelé, la flamme conserve son identité et son individualité permanente qui peuvent persister pendant des heures, pendant des jours, ou même pendant des siècles, tant que persiste la figure des molécules changeantes qui la traversent un instant.

Le *fleuve* à son tour n'est comme la *flamme* qu'un phénomène. Il n'existe, en effet, ni dans le terrain, ni dans les rives qui le contiennent. Il n'existe pas davantage dans l'eau qui coule entre ses rives, car les atomes de cette eau, venant constamment du ciel avec la pluie, s'écoulent d'un mouvement incessant pour se perdre et se confondre au sein des océans. Ils ne peuvent constituer un être à part et constant, car ils ne sont unis par aucun lien commun et gardent chacun leur existence particulière. Dans leur circulation continue, depuis la molécule de vapeur flottant dans l'atmosphère, jusqu'à la goutte d'eau plongée au sein des mers, l'atome a conservé son existence séparée, indépendante, individuelle, avec son calme et son impassibilité, tandis que malgré la perpétuelle permutation de ses molécules transitoires, le fleuve subsiste, toujours le même, toujours personnel et inaltéré, le même Tibre, le même Nil et le même Danube.

Rien ne montre mieux que ces deux derniers exemples du *fleuve* et de la *flamme* la séparation complète entre l'existence des êtres et celle, absolument indépendante et distincte, de leurs éléments constitutifs.

Nous ne trouvons pas davantage d'existence matérielle dans ce qu'on nomme un *terrain*, un *pays*, une *ile* ou un *continent*.

Nous trouvons bien dans ces objets, des molécules réelles de sable, d'argile ou de roches, mais quand ils viennent seulement à s'abaisser au-dessous du niveau des mers, ces molécules de sable, d'argile ou de roches, continuent à exister sans changement, mais il n'y a plus cependant ni terrain, ni pays, ni île, ni continent.

On trouvera de même des molécuels de calcaire, de sable et de chaux, dans les monuments élevés par la main des hommes; mais que ces monuments se nomment Babel ou les Pyramides, le Colysée ou Saint-Pierre de Rome, le Louvre ou l'Alhambra, il n'y a jamais eu rien de commun entre leur existence idéale et l'existence matérielle et distincte de ces molécules de calcaire, de silice, d'alumine et de chaux.

Chacune de ces molécules existe en soi, indépendante et séparée, et ce n'est que le phénomène idéal et transitoire de leur rapprochement en des positions et des figures passagères qui produit le monument éternel, un, malgré l'assemblage passager, conceptionnel, de ses atomes, conçu et personnifié par l'esprit, mais absolument ignoré de ses particules. Les atomes ont leur existence propre et le monument a de son côté la sienne absolument distincte. Ce n'est certes pas dans ces molécules que réside la splendeur, la grâce, la poésie ou la majesté, qui font la gloire éternelle de ces monuments éphémères.

Ces molécules matérielles, elles ont existé jadis dans des positions antérieures, dispersées au sein des terres et des rochers ; et de même elles redeviendront un jour de la poussière et de la terre, sans que rien soit changé pour elles en leur existence d'atomes.

De même aussi, d'autres molécules dorment actuellement dans le sein de la terre, qui s'assembleront un jour pour former des temples, des ponts, des égouts et des colonnes.

Il n'y aura rien de matériel et de réel dans ces monuments de l'avenir, comme il n'y a rien dans ceux déjà produits.

De même encore, le bronze de la statue fut naguère la cloche d'une église et se transformera un jour en monnaie ou en canons, sans jamais cesser d'être en réalité autre chose que du cuivre et de l'étain, tandis que la Vénus de Milo, qu'ils auront momentanément figurée, continuera à exister d'autre part en dehors de cette matière, de toute éternité, qu'elle soit en bronze, en marbre ou en plâtre.

Que l'on confonde pêle-mêle, les notes d'une mélodie, les lettres ou les mots d'un poème, les grains de couleur d'un tableau, on n'y retrouvera alors plus rien de Mozart, d'Homère, ou de Raphaël et de leurs œuvres immortels.

Ce n'est pas davantage un être matériel que la machine ou la locomotive qui produisent et qui travaillent. Je puis disperser les organes d'acier ou de fonte qui les composent et les refondre en des objets nouveaux, tandis que la machine avec ses combinaisons et sa force, restera identiquement la même avec des organes renouvelés.

On peut, en effet, dans une locomotive Crampton, remplacer la chaudière usée par une chaudière nouvelle, renouveler de même les roues et le mécanisme, et ou aura toujours la même locomotive Crampton avec ses propriétés spéciales, sa forme, sa force et sa vitesse inaltérées. Cette locomotive existe en réalité plutôt dans le plan tracé par l'ingénieur que dans le métal dont on se sert pour l'exécuter.

Si je disperse de même les pièces d'une serrure ou d'une horloge, il n'y a plus ni horloge ni serrure, et je puis employer ces pièces, ces mêmes vis, ces rouages, ces tiges et ces aiguilles dans la construction d'autres mécanismes distincts des premiers, quoique formés de la même matière.

On voit à Rome des bassins de fontaines qui furent jadis des cercueils, des saints de bronze qui furent des Jupiters, et des corps de garde qui furent des tombeaux.

Avec la même toile, je puis faire un sac, une chemise, un drap de lit, un suaire ou un drapeau, sans qu'il y ait, en réalité, en elle, autre chose que des fibres végétales, et ces fibres, tout en restant toujours les mêmes, peuvent devenir un jour une feuille de carton ou de papier.

Si des exemples qui précèdent, l'examen se porte sur d'autres objets qui paraissent également réels, tels que les êtres organisés, on sera forcé de reconnaître que dans ces êtres aussi, comme dans tous les objets de l'Univers, on ne pourra trouver qu'une existence idéale et toute phénomènale, se superposant à l'existence distincte des particules.

L'être organisé, végétal ou animal, est, aussi bien que la flamme, le fleuve ou le mécanisme, absolument distinct de ses atomes ; et de même que la flamme et le fleuve durent et subsistent sous leur forme permanente, bien qu'ils soient le produit d'un courant de molécules indépendantes et toujours renouvelées, de même l'être vivant persiste en son existence idéale et personnelle, bien que les atomes matériels ne fassent que le traverser en courant.

Sans parler seulement des atomes élémentaires, on reconnaîtra dans l'être vivant des particules également vivantes et organisées qui concourent à l'existence complexe de l'être total, tout en conservant chacune en son particulier son existence séparée et personnelle.

C'est ainsi que chaque cellule, chaque grain de fécule, de chlorophylle et de pollen, forment certainement des êtres à part, tout en appartenant à l'être collectif du végétal. C'est ainsi même que le bourgeon, le fruit ou la branche sont aussi des êtres distincts, qu'on peut séparer de la plante qu'ils composent.

Il n'est pas moins certain, comme l'indique la greffe animale, que la fibre musculaire, la cellule d'épithèle, le globule sanguin, le globule de chyle ou de lymphe, de même que tous les organes particuliers depuis l'ongle, la dent ou le cheveu, jusqu'à la glande, le foie ou la rate, sont des êtres distincts du corps dont ils font partie. Et cependant en dehors de tous ces êtres distincts, il est un autre être collectif, auquel ces êtres partiels sont nécessaires, mais qui n'en a pas moins son existence idéale personnelle et séparée, de même que l'amoniaque est, comme nous l'avons vu, distincte des atomes d'azote et d'hydrogène qui la composent. Cet être distinct gouverne tous les organes, dirige et maintient leurs rapports mutuels et leur harmonie. Il fait battre le cœur et penser le cerveau, mais il ne réside lui-même dans aucun de ces organes ni dans aucun lieu de ce corps qu'il organise et qu'il anime.

Cette distinction entre l'être vivant et ses parties apparaît encore plus saisissante dans ces êtres collectifs et disséminés tels que la Ruche ou la Fourmilière dont les parties composantes et les facultés distinctes de combat et d'intelligence, de génération et de travail ne sont pas renfermées sous un seul épiderme ou sous une enveloppe unique, comme dans les animaux ordinaires, mais qui, quoique répartis en des existences séparées, ne forment pourtant en réalité qu'un seul tout, qu'une seule vie et qu'un seul être.

C'est cet être immatériel et central qui régit ces éléments partiels ; c'est lui qui met en émoi les abeilles ouvrières, quand elles ont perdu leur reine ; c'est lui qui les entraîne à la suite d'une reine nouvelle pour fonder une nouvelle ruche et c'est lui qui leur fait tuer les mâles, aussitôt qu'ils sont devenus inutiles.

Toute race d'ailleurs, divisée en deux sexes, se compose ainsi de deux moitiés dont aucune ne constitue, la race entière, qui ne consiste, en sa réelle existence et en son idéale unité, que dans leur assemblage ; de même qu'une boîte n'existe que par la réunion d'un fond et d'un couvercle et de même que des ciseaux ne sont que la réunion idéale de deux lames matérielles.

La conclusion générale de tout ce qui précède, c'est la constatation d'un fait primordial qui se reproduit à tous les degrés de l'existence et de l'être. Ce fait fondamental, c'est la distinction qui existe entre l'existence indépendante et immatérielle de toute chose et celle des éléments qui la composent.

En d'autres termes, ce fait s'exprime par cet axiome fondamental, que quand des atomes ou en général des éléments quelconques, s'unissent et s'assemblent, il naît de leur assemblage une chose, une âme, ou un être absolument nouveau, d'essence immatérielle et purement phénoménale, doué de propriétés et de facultés en quelque sorte personnelles ; et l'existence de cet être nouveau, bien que suscitée par l'assemblage et comme à l'occasion des éléments composants, n'est pas dans ces éléments, mais en est absolument distincte et indépendante. Cette âme indépendante et immatérielle, elle apparaît comme l'essence même de toute existence aussi bien pour l'âme de l'homme et de l'être vivant, que pour celle de toute chose : *homme, végétal, monument, tableau, statue, mélodie, forêt et terrain.*

Quant aux éléments engagés dans la combinaison complexe, ils ont donc une double existence; ils conservent leur existence propre et inaltérée, et ils prennent part en même temps et participent inconsciemment à l'existence et aux péripéties de la collectivité dont ils font momentanément partie. Ces collectivités constituent par leurs groupements infinis, tous les êtres; et dans ces êtres on voit de plus en plus disparaître, à mesure qu'ils se compliquent, toute trace de matérialité.

Cet axiome s'applique à toute chose, quelle qu'elle soit, depuis l'être vivant, jusqu'à la simple molécule, et partout on retrouve toujours ces deux choses distinctes, d'une part, la chose elle-même idéale et immatérielle et d'autre part ses éléments. Ces êtres ou âmes, immatériels, qui forment l'essence de toute chose et qui, quoique perçus par la pensée, existent en dehors d'elle, et qui, d'autre part, n'existent pas non plus dans la matière, comme nous l'avons déjà dit, composent le monde immatériel et idéal, le monde supérieur des lois éternelles. C'est donc dans ce monde idéal, principe inconnu de toute chose, que se trouve seulement le caractère véritable de l'Être, de la Cause et de l'Existence.

CHAPITRE XV

De la Cause première.

Après l'examen des propriétés des choses et celui de leur existence, il reste à se demander quelle est leur cause première si tant est que semblable cause existe.

Il semble qu'en réponse à cette question, on doive forcément choisir entre deux hypothèses.

La première, l'hypothèse spiritualiste, cherche cette cause première en un principe idéal, infini, éternel et nécessaire, distinct de l'univers matériel, mobile, variable et transitoire, qu'il gouverne et dans lequel il se manifeste par ses lois.

La seconde hypothèse, l'hypothèse matérialiste, cherche au contraire cette cause première dans l'existence primordiale de la matière et de l'atome. Elle suppose cet atome doué de propriétés et de forces qu'il contient en lui, et qui par leurs combinaisons infinies produisent tous les phénomènes de l'univers. Il semble que dans cette hypothèse d'atomes individuels, portant tout en eux-mêmes, leurs forces et leurs lois, indépendants les uns des autres, et indépendants d'une volonté suprême qui les relie et les dirige, on ne peut attribuer les combinaisons en nombre infini de ces atomes, qu'au hasard fortuit du jeu de leurs actions réciproques.

On a quelquefois admis, en effet, qu'en présence du nombre infini de ces atomes, et du temps infini accordé à leurs combinaisons, ces combinaisons devaient apparaître successivement et l'une après l'autre à l'existence, sous toutes leurs formes possibles, et par conséquent devaient forcément produire un jour l'univers actuel.

Cet univers ne serait donc, malgré les apparences de causes finales et intentionnelles qui s'y révèlent, qu'un produit du hasard, auquel succèderaient tour à tour toutes les autres combinaisons possibles.

Malgré l'obscurité de cette conception, il faut bien reconnaître que le hasard possède une puissance qui semble sans limite, quand elle a pour leviers l'Éternel et l'Infini, et que cette puissance paraît inépuisable en ses combinaisons.

Si pour prendre un exemple limité, on suppose qu'on mêle ensemble toutes les lettres composant un texte quelconque, il semble absolument incontestable qu'en tirant au hasard toutes ces lettres, on devra certainement aboutir après un nombre suffisant de combinaisons et de tirages à reproduire, par le seul effet du hasard, le texte primitif. Il est donc incontestable, et quelque peine que l'esprit ait à admettre cette idée, que le seul hasard pourra reproduire ainsi le texte de la Genèse, ou celui de l'Iliade, ou de toute autre œuvre de l'esprit humain.

On semble même forcé d'admettre qu'en épuisant toutes les combinaisons du hasard, on devra non seulement reproduire les œuvres les plus grandioses du génie, mais on verra en outre apparaître des œuvres infiniment plus grandioses encore, pourvu qu'elles soient exprimables par un assemblage de phrases et de mots ; et l'on est ainsi forcé d'admettre que le hasard contient en lui la puissance d'exprimer et de créer les idées, les sentiments et les choses les plus infiniment sublimes.

En simplifiant la supposition qui précède, il est facile de voir que, si l'on prend d'abord un mot seul, composé par exemple de quatre lettres, comme le mot *Dieu*, et en tirant au sort ces quatre lettres, comme elles ne sont susceptibles en tout que de vingt-quatre combinaisons différentes, on arrivera bientôt et probablement au bout de douze tirages, à reproduire la combinaison qui donne le mot *Dieu*.

Si l'on prend pour cette expérience un mot plus long, composé par exemple de sept lettres, comme le mot *Jéhovah*, ce mot sera nécessairement aussi reproduit par le tirage au sort de ces lettres prolongé assez longtemps.

Le nombre des combinaisons possibles de sept lettres, étant

de 5.040, il est probable que la combinaison formant le nom *Jéhovah* serait produite après 2.520 tirages ce qui pourrait se faire environ en un heure.

Il n'est pas moins incontestable qu'il en sera de même pour des mots composés d'un plus grand nombre de lettres, comme aussi pour des phrases, pour des pages et pour un texte entier de cent ou de mille pages. Il faut seulement remarquer que plus le nombre des lettres et plus la longueur du texte augmentent, plus le nombre des combinaisons possibles augmente à son tour dans une progression énorme d'après la formule des combinaisons.

C'est ainsi qu'un mot ou une phrase, composés par exemple de vingt-trois lettres, comme le mot : *inconstitutionnellement*, ou la phrase : *Dieu seul régit les univers*, pouvant donner par le mélange de leurs lettres 24.400 milliards de milliards de combinaisons, ce mot ou cette phrase ne seraient reproduits par le sort qu'après un nombre probable de tirages d'environ 12.000 milliards de milliards ; et en supposant un tirage par seconde ou 30.000.000 de tirages par ans, il faudrait continuer sans interruption ces tirages, jour et nuit, pendant 400.000 milliards d'années pour arriver à les reproduire.

La grandeur de ce chiffre peut faire prévoir le nombre immense de combinaisons qu'il faudrait épuiser pour arriver par le seul hasard à reproduire par exemple un texte de cent pages ou de 200.000 lettres, puisqu'un mot de 23 lettres demanderait déjà 400.000 milliards d'années. Pour un texte de 100 pages, ce nombre de combinaisons serait en effet représenté approximativement par le chiffre 2 suivi de 200.000 zéros ou par deux kilomètres de zéros en supposant un zéro par centimètre.

L'énormité de ce nombre, devant lequel l'esprit s'effraie et devant lequel les milliards, les trillions et les quadrillions ne sont que des atomes imperceptibles, peut nous faire prévoir quel serait le nombre des combinaisons possibles d'un nombre infini de molécules que devrait amener le hasard avant de produire la combinaison de l'univers actuel.

La formule des combinaisons nous indique que ce nombre serait :

$$\infty(\infty-1)(\infty-2)(\infty-3)\ldots 4.3.2.1.$$

Le nombre produit par cette série de combinaisons approcherait de l'infini élevé à la puissance infinie, surtout si le nombre primitif des atomes n'est pas seulement égal à l'infini mais à $8 \times \infty^6$ comme on l'a vu plus haut. Il faudrait donc pour reproduire ce nombre infini puissance infinie de combinaisons successives, disposer d'une durée équivalente à cette infinité. Or nous avons constaté plus haut que la durée de l'Éternité ne présente qu'une seule dimension et par conséquent ne possède qu'un seul infini simple et du premier degré.

Cette infini simple s'anéantit et s'annule ainsi que nous l'avons également constaté devant l'infini multiplié par lui-même, c'est-à-dire devant l'infini à la seconde puissance, lequel s'anéantit et s'annule à son tour devant l'infini à la troisième puissance, et ainsi de suite pour chaque ordre d'infini devant l'infini d'ordre supérieur.

L'infini simple de l'Éternité qui est déjà nul en face de l'infini élevé au carré est donc non seulement nul, mais *infiniment nul* devant l'infini de durée, porté à la puissance infinie, qui serait nécessaire pour la manifestation successive de toutes les combinaisons possibles de la matière ; et il devient donc mathématiquement démontré qu'il est radicalement impossible que la combinaison réalisée par l'univers soit le produit du hasard. En effet, malgré la puissance en apparence infinie de ce hasard, s'exerçant en un temps éternel, la combinaison que présente notre univers aurait besoin pour se produire à son tour, non de l'éternité simple dont elle dispose, mais d'une éternité élevée à la puissance infinie.

Il est donc permis de conclure que des deux hypothèses qui se présentent pour expliquer la cause première de l'univers, celle qui a recours à l'action du hasard doit être écartée ; et on est contraint de revenir inévitablement à celle qui reconnait en la cause première de toutes choses, un principe divin de volonté suprême, de prescience, de choix et de préméditation.

Cette conclusion qu'impose le raisonnement mathématique a, pour notre esprit, l'avantage de s'accorder cette fois avec l'instinct des âmes qui, malgré la multiplicité des systèmes métaphysiques, reviennent toujours à cette intuition involontaire et supérieure qui leur montre la cause première et le principe de toutes choses dans la volonté de l'Être Suprême. Bien que cette inspiration instinctive soit dépourvue de preuve, elle est cependant moins illusoire encore que les assertions soit disant rigoureuses de la logique et du raisonnement.

CHAPITRE XVI

Du But final.

Une considération dernière nous raffermit encore dans notre foi en une volonté toute puissante. Cette considération est celle du but final qui semble apparaître clairement dans l'organisation de toute existence.

Il suffit, en effet, d'étudier le plus petit des êtres et ses organes pour y voir lisiblement écrits les buts du Créateur ainsi que les moyens admirables mis en œuvre pour les atteindre. Il est impossible de méconnaître cette éclatante vérité, ainsi que les conséquences qui en résultent pour la conception de l'univers et et de son origine.

Et cependant cette lumière n'est pas sans trouble et sans obscurité ; et cette apparence d'une création intentionnelle et préméditée vient se heurter à la contradiction d'un fait supérieur qui semble inexplicable.

D'une part le plan préconçu de la création apparaît patent, incontestable et démontre partout l'intention évidente et la volonté certaine de remplir l'univers d'organisation et de vie.

Tout est prédisposé pour la multiplication des individus et surtout pour la conservation et la perpétuité de l'espèce, afin de remplir à jamais la surface du globe et de tous les astres du fourmillement sans fin de la vie.

Mais d'autre part cet acharnement d'existence et tous ces effort d'activité de développement et de perpétuité, sont inexorablement condamnés à l'impuissance et à la mort.

Dans un terme inévitable, tous ces efforts ardents et cette activité fièvreuse aboutiront sur notre globe à l'éternelle et glaciale immobilité d'un néant définitif.

En présence de cette fin finale, et de cette incompréhensible contradiction, qu'est-il possible de conclure au sujet de ce but du Créateur pour le développement et la perpétuité de la vie ?

Que penser, que croire et que conclure de cette apparence de tentative impuissante et de cet échec d'une volonté sans résultat ?

Les corps célestes ont traversé l'éternité dans leur incandescence première sans rien connaître de la vie et ils ne sont revêtus de cette vie et de cette organisation que pendant une éphémère période de leur refroidisement, période après laquelle ils reprennent tous, pour l'éternité, l'inertie inorganique dans laquelle leur substance était plongée depuis l'origine des temps. Il n'est donc accordé à la vie que l'imperceptible durée d'un épisode, insignifiant et transitoire, de l'éternité.

On dirait que le Maître suprême de l'univers a donné ces astros comme en location, et pour une courte saison, au Maître de la vie. Celle-ci se répand aussitôt comme un torrent dans tout le domaine qui lui est momentanément accordé et l'inonde à la hâte de ses forces tumultueuses. Elle s'efforce avec une précipitation enfièvrée de tout remplir de ses manifestations sans nombre, s'empressant ainsi de profiter entièrement du court terme de jouissance qui lui est concédé.

Il ressort de ces phénomènes spéciaux de la vie, un tel contraste de procédés, de moyens et de lois avec les règles ordinaires de la nature, qu'il en résulte l'instinctive impression qu'on est ici en présence de deux principes divins, opposés et contraires, comme ceux de l'antique religion persane.

En effet, bien que la vie mette à profit les forces mécaniques, physiques et chimiques, elle ne leur ressemble cependant en rien, et ses lois sont radicalement distinctes des leurs.

Ces dernières n'ont jamais qu'une action rigide, momentanée et définitive, après laquelle la matière qui les a subies rentre dans son éternelle inertie tant que de nouvelles forces extérieures ou de nouvelles substances ne viendront pas l'influencer de nouveau.

Ce qui au contraire caractérise la vie, c'est un mouvement perpétuel et sans repos, qui attire à l'intérieur des êtres vivants des molécules incessamment nouvelles, en échange desquelles ils éliminent des molécules semblables qui ont déjà vécu. Ce tourbillon circulatoire, sans interruption et sans trêve, ne peut s'arrêter un instant qu'en anéantissant en même temps la vie.

Cette vie ne peut s'exercer ni dans les corps solides, ni dans les corps liquides ou gazeux, mais seulement dans un mélange complexe et comme pâteux, plongé dans un liquide, et qui réunit à la fois la précision des formes des solides, avec la mobilité des fluides. Ce liquide dans le sein duquel la vie doit se mouvoir ne peut être sur notre globe que l'oxyde d'hydrogène.

Quoique l'air et la lumière ne semblent pas absolument indispensables à toute manifestation de la vie, celle-ci n'apparaît cependant qu'à la surface solide de notre planète ou à une très-faible profondeur au dessous de cette surface.

Mais ce qui caractérise avant tout la vie c'est son mouvement sans repos, sa précipitation et son incessante mobilité qui contrastent si radicalement avec la majesté calme, impasssible et immuable du reste de la nature. Dans les phénomènes vitaux partout le caprice, et partout ailleurs la règle invariable.

Ce qui caractérise encore davantage la vie, c'est l'apparition de la joie, de la douleur et de la mort, que ne connaissent pas les molécules inorganiques, et dont on ne saurait même comprendre l'existence en l'inaltérable et sereine nature des forces éternelles.

Pour s'expliquer cette joie, cette douleur et cette mort, il faut admettre réellement le combat et la lutte des deux forces et des deux principes ennemis et contraires, que nous venons de supposer. Il faut se représenter que la molécule inorganique ne naît à la vie, et ne se transforme en molécule vivante, que quand le nombre des atomes intérieurs arrive à être assez immense pour que les réactions de ces atomes deviennent assez nombreuses et assez importantes pour effacer, absorber et faire disparaître la réaction chimique extérieure, globale, et comme individuelle qui appartenait à cette molécule. Il est facile d'observer en effet que les affinités chimiques les plus énergiques appartiennent aux corps simples, du plus faible poids atomique et à leurs composés les plus élémentaires ; tandis que l'énergie chimique disparait peu à peu à mesure que les poids atomiques augmentent, comme ceux par exemple de l'Or ou du Platine, ou à mesure que les molécules sont formées d'atomes plus nombreux, comme cela se voit par exemple pour l'albumine, la protéine et autres substances analogues qui n'ont presque plus d'affinité chimique proprement dite.

On dirait que l'énergie de la molécule est alors accaparée tout entière par les réactions intérieures de ses nombreux atomes, et ne peut plus exercer aucune force à l'extérieur.

C'est ainsi que la force vitale est de même absorbée par l'organisation intérieure de l'être vivant, et ne peut plus le protéger suffisamment contre les forces minérales extérieures qui tendent à détacher du corps vivant ses atomes constituants.

Dans ce combat, la force vitale doit à la fin fatalement succomber ; et c'est sa défaite qui engendre ces apparitions en apparence incohérentes de la souffrance et de la mort, qu'ignore la molécule minérale.

Cette molécule obéit, en effet, toujours sans résistance et sans lutte à la résultante unique des forces inorganiques impassibles qui lui commandent ; et ce n'est que dans les phénomènes vitaux qu'elle se trouve sollicitée à la fois par deux principes hétérogènes et contraires.

De là résulte, pour la molécule vivante, d'abord l'état de jeunesse, de splendeur et de joie, aussi longtemps que la force vitale l'emporte sur les forces inorganiques ; puis l'état de douleur, de maladie et de mort, à mesure que les forces minérales reprennent le dessus.

Rien n'est plus fait pour surprendre l'esprit habitué à la contemplation de l'univers, où tout porte le caractère de l'infaillible, de l'impeccable et du nécessaire, que ce semblant de défaillance et d'impuissance du plan et du but de la création vivante, et que ce contraste entre les œuvres de l'Éternel créateur des influis, où tout est rigoureux et absolu et les œuvres de la vie où tout n'est qu'à peu près, que précaire, que raté et qu'accidentel.

Pour tenter une explication de cette piteuse impuissance et de cet effort manqué, il sera peut-être permis de supposer que cet essai de création vitale n'est pas une œuvre terminée, mais qu'elle n'est qu'un prologue de l'œuvre véritable qui apparaîtra sous sa forme définitive dans une seconde existence mieux réussie et dans un autre monde. C'est dans cet autre monde qui se trouve sans doute dans les portions de l'espace invisibles et inaccessibles à nos sens, qu'apparaîtra la revanche nécessaire du principe de vie.

Sans cette revanche nécessaire, l'apparition momentanée de la vie dans l'univers visible, suivie aussitôt d'un éternel néant, l'inutilité et la destruction totale de ces phénomènes éphémères de sensation et d'intelligence, cette création ardente qui n'aboutit qu'à la mort, paraissent absolument inexplicables. Il est donc indispensable que cette vie éphémère ait pour but final et pour résultat suprême, non pas le néant et la mort, mais une vie subséquente qui se continue éternellement ailleurs et justifie ainsi les efforts manifestés dans cette première et transitoire existence dont elle répare les insuccès et les injustices et réalise les aspirations idéales.

Telle serait notre conviction si les convictions nous étaient permises ; mais tels peuvent du moins être notre désir et notre espérance.

Si donc nous ne pouvons plus avoir, en effet, en ce temps où tout est remis en question, et en cette époque de négation et de scepticisme inévitable, la foi tranquille des ancêtres, nous avons cependant toujours le même besoin d'idée et la même inspiration ; et notre foi quoique plus tourmentée n'en restera pas moins a jamais impérissable, car elle conserve pour base indestructible le dégoût des sentiments bas et des doctrines matérialistes.

C'est de ce dégoût que naissent nos convictions.

CONCLUSION.

—

Le résultat de tout ce qui précède se résume en une conclusion qui semble irréfutable.

Cette conclusion, c'est l'impuissance absolue de rien savoir.

Ce néant absolu de toute connaissance s'applique absolument à tout, aux connaissances d'ordre moral, comme à celles d'ordre dit scientifique, car il provient de l'infirmité même de l'esprit humain et de son impuissance radicale en toute chose.

La raison se trouve donc plongée dans une nuit noire, dans laquelle apparaissent seulement des visions de nature inconnue.

Il semble bien probable que derrière ces visions il existe quelque chose. Mais il est radicalement impossible d'en rien savoir de plus. Ce quelque chose trouve sa probabilité dans l'incontestabilité de notre pensée, mais cette incontestabilité ne permet cependant pas de rien conclure sur la vérité de ces visions et de ces apparences. Une conclusion sévèrement logique amène donc à supprimer toute croyance et toute affirmation.

C'est par conséquent un instinct irrationnel et sans raison d'être, qui pousse l'homme à rechercher le vrai. Non seulement cet instinct est sans but, car le vrai n'existe pas pour nous, mais si même l'homme pouvait l'atteindre, il n'y trouverait sans doute que misère et désolation.

Se connaître soi-même à sa juste valeur, et connaître les vrais sentiments de ses semblables et de ses proches, ne peut que faire prendre la vie en dégoût. Et quant aux opinions philosophiques, on se demande quel avantage il y aurait à ce qu'elles fussent vraies.

Le bonheur au contraire ne peut exister que dans l'illusion.

Ainsi donc, non seulement le vrai nous est inaccessible, mais il faut en outre s'en féliciter, car il nous serait nuisible et malfaisant.

Si malgré tout cependant, on cède à la tendance instinctive de vouloir une conclusion et une croyance, cette croyance, il est parfaitement illusoire de la chercher dans aucun raisonnement ou effort de logique. Tous les raisonnements du monde sont déjà faits depuis des siècles et ne forment plus qu'un monceau de vieux arguments disloqués qui se détruisent l'un l'autre, aussi absurdes pour quelques-uns que péremptoires pour d'autres.

Ce vieux tas de débris est semblable au Mont Testaccio de Rome, composé de vieux morceaux d'assiettes, et il serait illusoire d'y rien chercher qui puisse contenir soit une goutte d'eau, soit un atome de certitude.

Il est donc moins illusoire de s'abandonner à l'inspiration irraisonnée du cœur et de l'âme que de rien chercher dans le fouillis des dissertations de la logique et de la science. Nous devons d'ailleurs constater ici cette remarque déjà faite, que dans ses conclusions suprêmes, de même que dans sa constante étude et son constant examen de l'univers, l'esprit ne rencontre qu'une perpétuelle contradiction dans les deux sources de connaissances auxquelles il essaie tour à tour de puiser. Qu'il ait été question de la compréhension des grandeurs ou de celle des infinis, de celle de l'essence de la matière et des phénomènes, ou bien de celle des choses immatérielles, l'instinct de l'âme et les déductions de la logique ont presque toujours donné des conclusions contradictoires.

Cette contradiction se poursuit jusqu'au bout de toutes nos investigations, sans permettre aucun choix entre les affirmations scientifiques et les aspirations morales, d'où résultent cependant sur toutes choses deux compréhensions et deux sentiments entièrement opposés.

La science nous dit que l'araignée a le droit de tuer la mouche, le loup de manger le mouton, et le plus fort celui d'égorger le plus faible ; mais un instinct irrationnel nous porte au contraire à défendre le faible contre l'égorgeur.

Chacun de nous porte d'ailleurs en soi une tendance intime qui est le résumé de sa nature et qui le porte inconsciemment vers certaines croyances et certaines aspirations. Cette tendance dirigeante, qui ne résulte d'aucun raisonnement, conduit invinciblement tout être vivant dans son inévitable voie, comme la force qui attire l'alouette vers le soleil, le ver et la taupe vers les profondeurs du sol, et le moucheron vers la flamme ; et il est inutile de lui résister et de la combattre.

Ce serait un grande erreur, en effet, de croire qu'aucune religion ou qu'aucune philosophie ont jamais converti ou convaincu personne par des raisonnements et des arguments de dialectique. Ces arguments sont également usés pour ceux qui s'en servent et pour ceux qui les écoutent ; et s'ils avaient une vertu probante, il y a longtemps qu'ils auraient ramené les écoles opposées à la même doctrine. Mais ils semblent aux uns aussi faux et fragiles qu'ils paraissent concluants à leurs adversaires ; et ils n'ont jamais persuadé que ceux dont les sentiments et les passions les prédisposent à l'avance à se laisser convaincre.

C'est ainsi qu'en semant un mélange de graines dans des terrains divers, on ne verra germer et croître, dans chacun d'eux, que celles auxquelles ils sont favorables, le sapin et le bouleau dans les terres du Nord, le chêne dans les régions tempérées, les palmiers entre les tropiques, l'Édelweiss sur la montagne et les roseaux dans les marais.

Il suffit de s'observer soi-même pour s'apercevoir facilement combien on accepte et on adopte pour sa conduite les raisonnements les plus faux et les plus contraires suivant les passions dont on est momentanément agité, et combien ce qui paraissait raisonnable et juste le matin, paraît le soir absurde et ridicule.

On se persuade en se mettant à table qu'il serait puéril de s'abstenir de tels mets défendus par le médecin ; mais le repas terminé, on voit aussitôt bien clairement l'absurdité du raisonnement qui paraissait si persuasif à l'homme à jeun.

Le joueur, qui reconnaît amèrement combien sa passion est funeste, change d'avis dès qu'il entre dans la salle de jeu, et trouvera très raisonnable de risquer quelques coups de fortune à la roulette. Ce n'est donc pas comme on se l'imagine l'argumentation, mais c'est bien le sentiment qui nous mène ; et ce fut un travail bien inutile d'un saint évêque de vouloir nous donner, par des raisonnements, des preuves irréfutables de l'existence de

Dieu ; comme ce fut aussi une peine puérile que prit Spinosa de démontrer, en 37 théorèmes, les 37 attributs de l'Être Suprême.

Les religions et les philosophies ne persuadent les foules qu'en leur présentant un type idéal de l'homme et de la divinité qui répond à l'état des cœurs et qui séduit les âmes, et le christianisme n'a pas conquis le monde par des dissertations, mais plutôt par l'ineffable *Sermon de la Montagne*, qui ne contient ni argument, ni dialectique.

C'est donc l'instinct des cœurs qui seul conduit chacun à sa croyance.

Le cœur a des raisons que la raison ne connaît pas.

Si pour moi je choisis résolument la foi chrétienne, c'est qu'elle répond à toutes mes aspirations, et qu'elle me donne, de la nature, de l'homme, de ses devoirs, de sa morale et de sa destinée, la compréhension la plus haute et l'idéal le plus sympathique et le plus pur.

Il m'est impossible de concevoir, pour la famille humaine, aucun type comparable à celui que nous montre la religion chrétienne : l'homme simple de cœur, austère et craignant Dieu, la femme pieuse et dévouée ; et tous deux élevant leurs enfants dans l'observation et le respect des devoirs de cette vie, en attendant pour tous la vie future, et la réunion prochaine sous l'œil de Dieu, des pères et des enfants. La croyance à la vie future est, en effet, la seule qui inspire le respect des parents et le respect de soi-même.

Je ne connais pas au contraire de type plus déplorable et plus triste que celui du libre-penseur et surtout celui de la libre-penseuse ; et les efforts de la société moderne, pour propager cette maladie au sein des générations prochaines, dépasse mon intelligence.

En dehors des vérités religieuses et de la révélation, l'homme n'a plus d'autre guide que le libre examen, la libre pensée et la libre morale de l'intérêt matériel.

Quelque effort qu'on fasse pour apprécier ces doctrines avec indulgence, il est impossible de ne pas reconnaître qu'elles conduisent à la destruction de tout sentiment élevé.

Dis-moi, en effet, ce que tu crois, et je te dirai ce que tu vaux.

Il est des philosophes spiritualistes, qui, soumis encore au prestige des doctrines religieuses de leur enfance et de leurs mères, s'efforcent de greffer sur leurs libres systèmes, une concience et une morale.

Rien cependant de plus fragile et de plus faux que cette tentative ; et ce spiritualisme de transition sera bientôt balayé par la vraie philosophie positive et scientifique. Cette doctrine détruit, en effet, et réduit absolument en poudre, toute révélation et toute autorité.

Cette philosophie qui ne reconnaît ni enseignement, ni commandement divin, est amenée par une rigoureuse logique à n'admettre qu'un but et qu'un principe qui est l'intérêt de l'individu.

Certains théoriciens de ces doctrines et de cette philosophie s'efforcent quelquefois d'y ajouter l'amour de l'humanité et le sentiment de la conscience et de la solidarité.

Mais les disciples, plus pratiques, plus logiques, et il faut le dire, plus conséquents avec leur principe ne tardent pas à rejeter toute cette phraséologie, et à reconnaître qu'il ne reste absolument rien, rien de solide que le principe primordial de l'intérêt personnel et de la satisfaction de tous les instincts, qui ne sont faits que pour être satisfaits. Ils se demandent, en effet, au nom de quelle autorité on voudrait leur imposer le dévouement, le sacrifice et la foi jurée, qui leur semblent des choses ridicules, tandis que la recherche brutale de l'intérêt est non seulement la seule règle logique, mais encore le seul devoir de l'homme envers lui-même.

C'est par suite de ces doctrines, chaque jour plus répandues et plus hardies, qu'on observe d'année en année un progrès continu de la criminalité, et surtout une transformation remarquable dans la forme du crime.

D'inconscient et même de honteux qu'il était jusqu'à ce jour, il se dogmatise, se raisonne et affirme carrément son droit et sa légitimité. Et il faut bien le reconnaître, le principe une fois posé les conséquences en sont irréfutables.

Parmi les procès criminels de ces dernières années un des plus remarquables est celui de ce professeur qui, au moyen d'un mécanisme ingénieux, tenta de faire sauter en pleine mer un transatlantique et ses huit cents passagers, pour toucher le prix d'une police d'assurance qu'il s'était fait donner pour l'expédition, par ce navire, de quelques caisses remplies de sable et de terre.

Quelque extrême que fût cette spéculation, il est impossible de n'y pas reconnaître la conséquence logique et rigoureuse des principes scientifiques et matérialistes qui n'admettent ni Etre Suprême, ni vie future, ni obligations morales, ni bien, ni mal, ni responsabilité morale.

Je terminerai par une anecdote qui m'est personnelle et qui m'a raffermi dans mes croyances, en me montrant bien clairement l'influence de notre foi sur notre valeur morale.

Me trouvant il y a quelques années à Schwitz, j'appris un matin qu'un touriste, tailleur à Nuremberg, était parti la veille de notre hôtel pour grimper sans guide sur le Grand Mythen, qu'il était tombé d'un rocher à pic, et que son corps était resté accroché à une pierre en saillie. Cette aventure mit l'hôtel en rumeur. Mais il fut bientôt décidé par quelques messieurs de Paris qu'on faisait beaucoup trop de bruit pour un tailleur, et surtout pour un tailleur de Nuremberg ; et ils partirent en concluant à l'unanimité, avec un refrain de l'époque, *qu'il fallait pas qu'il y aille.*

Cependant un groupe de paysans, entièrement étrangers à la civilisation moderne, s'était formé devant l'hôtel. Ils causaient avec animation et conclurent aussi à l'unanimité que ce serait un péché de laisser le corps de ce tailleur sans sépulture chrétienne.

Ils partirent donc avec de longues cordes et descendirent deux des leurs le long de la roche verticale, puis les remontèrent au péril de leur vie, avec le corps du malheureux solidement attaché. Ils revinrent à la nuit, rapportant le corps sur un brancard et lui creusèrent une tombe à côté de l'église.

Leurs fils n'en feront pas autant.

9 7 8 2 0 1 2 8 4 7 7 4 3